촛불시대, 혁신교육을 말하다

미완의 교육 실천 35년, 못다 한 이야기

촛불시대, 혁신교육을 말하다
미완의 교육 실천 35년, 못다 한 이야기

초판 1쇄 인쇄 2018년 8월 30일
초판 1쇄 발행 2018년 9월 9일

지은이 이용관
펴낸이 김승희
펴낸곳 도서출판 살림터

기획 정광일
편집 조현주
북디자인 꼬리별

인쇄·제본 (주)현문
종이 월드페이퍼(주)

주소 서울시 양천구 목동동로 293, 22층 2215-1호
전화 02-3141-6553
팩스 02-3141-6555
출판등록 2008년 3월 18일 제313-1990-12호
이메일 gwang80@hanmail.net
블로그 http://blog.naver.com/dkffk1020

ISBN 979-11-5930-073-8 03370

이 도서의 국립중앙도서관 출판예정도서목록(CIP)은
서지정보유통지원시스템 홈페이지(http://seoji.nl.go.kr)와
국가자료공동목록시스템(http://www.nl.go.kr/kolisnet)에서 이용하실 수 있습니다.
(CIP제어번호: CIP2018027050)

촛불시대, 혁신교육을 말하다

미완의 교육 실천 35년, 못다 한 이야기

이용관 지음

미완의 교육 실천 35년, 못다 한 이야기
미래교육의 희망을 찾아

우리 교육의 미래, 희망이 있는가?

미완의 교육 실천 35년, 못다 한 이야기는 가볍고 쉬운 이야기로 출발하고 싶었다. 교육 희망을 이야기하고 싶었다.

교직 인생 35년은 무겁고 어렵고 힘든 여정이었다. 사회적으로, 개인적으로도 그간 많은 변화가 있었다. 바야흐로 사회 변화가 예측하기 힘든 불확실한 시대가 되어, 미래의 우리 교육은 더욱 급격한 변화가 예견된다. 그래서 교단을 마무리하는 마당에 출발은 가벼운 이야기로 하고 싶었지만, 결코 가볍지만은 않은 이야기가 될 수밖에 없었다.

그래도 촛불혁명 시대의 미래교육에 대해서는 어느 때보다도 희망을 이야기할 수 있어서 다행이다. 고달프고 파란만장한 역동의 세월을 살아온 교직 인생 35년을 돌아보면서 희망을 이야기하며 행복한 교직 인생을 마감할 수 있기에 나는 축복받은 교사다.

교사로서의 삶, 행복했나?

어느 시대, 어떤 사회에서나 교사는 역할이나 책무가 무거운 직업이다. 그만큼 사회에서 교육의 역할이 막중하기 때문이다.

지난 35년을 돌이켜보면 교사 본연의 역할에 충실했다. 한순간도 그 무거운 멍에를 벗고 산 적이 없었다. 실천활동가로서 교사를 자임하고 살아온 삶이 더욱 무거운 굴레로 작용한 것인지도 모른다.

어찌 보면 교사는 가벼운 마음으로 크게 욕심 부리지 않고 열심히 아이들을 잘 가르치며 살아가고자 하면 편하고 쉬운 직업일 수도 있다. 그러나 지난 교직 인생을 돌아보면 우리 교육은 교사로서 현실에 안주하여 만족하며 살기에는 너무나 많은 장벽이 있으며, 그렇게 가만 놔두지 않는 게 현실이다.

새내기 교사로 자신감이 충만하여 교단에 나섰지만 좋은 교사, 훌륭한 교사, 성공적인 교사로서의 자신감은 1년도 채 지나지 않아 학교 현실에서 무참하게 깨질 수밖에 없었다. '이건 교육이 아니야', '이건 교사가 할 짓이 아니야'라는 생각과 수많은 장벽에 부딪히며 갈등 속에 좌충우돌하는 실천이 계속되었다. 많은 동료 선후배 교사들도 비슷한 생각이었지만, 현실에 순응하며 침묵의 교단을 지킬 수밖에 없었다. 일부 깨어 있는 교사들과 함께 척박한 교육 현실을 바꾸어보겠다고 참교육을 외치고 교육운동을 함께하며 행복한 교사의 삶을 살 수 있게 되어 더없이 다행이었다. '영혼 없는 공무원'처럼 살지 않아도 되었으니 어찌 다행스러운 일이 아니었겠는가.

미완의 교육 실천 35년,
우리의 미래교육에게 희망을 이야기하고 싶다

교육 실천과 교육운동을 위해 나름 '치열하게' 살아왔다. 그렇게 살아온 덕에 학교개혁과 혁신교육운동 과정에서 교육에 관한 많은 이야기를 해왔다.

그 이야기들을 때로는 언론 매체와 각종 서적 및 잡지에 발표하거나 회의의 문건으로 썼으며, 때로는 각종 위원회나 단체에서 진행하는 토론회, 포럼, 세미나, 워크숍 및 간담회 등에서 발제나 토론으로 발표하였다. 이 과정에서 학교개혁과 혁신교육에 대해 하고 싶은 말을 '치열하게' 이야기하며 오늘까지 왔다.

이제 멈출 때도 되었는데 아직도 말할 게 남아 무엇을 더 이야기하고 싶은가?

그렇다. 그토록 많은 이야기를 했는데도 아직도 못다 한 이야기가 있다. 우리의 미래교육에게 희망을 이야기하고 싶다. 교육 실천 35년 과거를 돌아보고 현재의 교육 현실을 기반으로 미래의 희망을 찾고 싶어서 시작한 글쓰기였다.

이 책은 2부 4장으로 구성되었다.

1부 '미완의 교육 실천 35년, 못다 한 이야기'는 교직 인생 35년 동안 교육 현실과 부딪히며 학교개혁과 혁신교육을 위해 실천활동을 하는 과정에서 있었던 이야기와 아직도 남은 이야기를 에세이 형식으로 쓴 글이다. 1장 '미완의 교육 실천 35년'은 새내기 교사로 출발해서 오늘까지 교육 실천활동가로 살아온 '치열한' 삶의 이야기를 담았고, 2장 '교육은 왜 바뀌지 않는가?'는 실천활동 35년간 줄곧 문제 제기하며 대안을 찾으려고 애를 썼지만 아직도 풀리지 않은 교육개혁 문제와 교육론에 대한 물음과 그 답의 실마리를 찾는 이야기이다.

2부 '미래교육과 새로운 교육체제 수립을 위해'는 미래교육과 새로운 교육체제 수립을 위해 희망적인 제안과 담론을 제시하고자 했다. 3장 '미래교육 담론과 교육적 상상력'은 우리 교육과 세계적인 흐름에서 나타나는 미래교육 담론과 실천활동을 통해 우리 교육의 미래를 위한 교육적 상상력을 동원하여 미래교육의 지향점을 짚어보았으며, 4장 '새로운 교육체제의 방향과 과제'는 촛불혁명 시대에 부응하는 미래교육과 새로운 교육체제 수립을 위한 정책 제안을 제기한 글이다. 새로운 교육체제 건설을 위해 국가교육기구, 교육운동 단체, 교육시민사회 등 교육관련 단체와 개인들에게 보내는 정책 제안으로 구성되었다.

마지막 부록은 OECD 2030 미래교육 프로젝트 '교육과 기술의 미래 교육 2030'(The future of education and skills Education 2030)을 번역한 글이다. 미래교육 담론에 대한 세계적인 흐름에서 대표적인 실행 프로젝트로서 우리의 미래교육 담론에 많은 시사점을 줄 수 있기에 부록으로 실었다.

삶의 내공이 묻어나는 진정성 있는 글쓰기(?)

글쓰기가 어렵다. 왜 그럴까? 삶의 내공이 부족해서일까.

35년 동안 실천적인 삶을 살았다고 생각하고 늘 글로 정리해보려 하며 살아왔다. 막상 교직 인생을 마무리해야 하는 시간이 다가오자 문득 '이대로 그냥 끝낼 수는 없지 않은가… 뭔가를 정리하지 않으면 안 된다는 강박관념에 사로잡혀 마지막 학기를 맞이했다. 그러나 손에 잡히지 않았다. 겨우 몇 개월 남겨놓고 노트북 앞에 앉았다.

'여는 글' 쓰기에서부터 막혀서 중단하고 글쓰기 작업이 다 끝난 후에야 마무리하는 글을 쓰고 있다.

글쓰기를 시작하려니까 어디서부터 어떻게 시작해야 할지 도대체 막막하고 생각이 나질 않았다. 워낙 느린 타자 속도도 못 따라가는 글쓰기 능력이라니. 몇 시간씩 생각해서 정리한 글이 겨우 한두 쪽도 되지 않았다. 35년을 교육 실천과 교육학에 파묻혀 살아온 내가 이다지도 할 말이 생각나지 않으니 내 삶의 깊이와 내공이 부족하다는 것일까!

한때는 교육에 관한 전문성과 정책 개발 능력이 대단하다고 오만에 빠졌던 적도 있었다. 그리고 교육정책의 전문가라고 생각하고 많은 정책 문건을 써대기도 했다. 교육운동과 실천활동의 바쁜 와중에도 교육학 박사과정 공부까지 하면서 교육과 실천의 전문가로서 포부와 야심을 가졌었는데 지금 생각하니 무모한 열정과 젊음이 부른 자만이었다고나 할까.

다 써놓고 보니 뒤죽박죽이다. 내가 봐도 무슨 말을 하려고 하는지 모르겠다. 삶을 뒤죽박죽 힘들고 어렵게 살아온 것처럼 글도 뒤죽박죽 말이 안 되는 것들이 너무 많고 어렵다.

왜 글쓰기가 어려운지를 조금은 알 것 같다. 글쓰기는 살아온 삶의 무게만큼, 아는 만큼, 깨달은 삶만큼 쓸 수 있다는 것을 이번 작업을 하면서 깨닫게 되었다.

'내가 살아온 삶을 담담하게 있는 그대로 정리하고 싶다는 소박한 마음'에서 글을 쓰기 시작했다. 그러나 그러한 마음에서 출발한 글쓰기가 '설익은 생각을 성급하게 정리하려는 지나친 욕심이 앞선 글쓰기'가 된 것이 아닌지 우려된다.

중학교 교사로서, 교육운동의 실천활동가로서, 실천교육학 연구자로서, 교육정책가로서 살아온 교육 실천활동 35년을 정리해보고, 그동안 실천활동 과정에서 경험한 시행착오와 실패들을 복기하며 성찰하고, 못다 한 교육 이야기에 대한 쓴소리와 희망적인 제안을 하고 싶었다. 그러나 글쓰기 능력 부족인지 삶의 내공이 부족한 탓인지 원래 의도한 구상이 제대로 이루어졌는지는 자신이 없다.

교육은 '치열함'과 '열정'만으로 되지 않는다

35년 실천활동을 통해 혼자만의 '치열함'과 '열정'으로 교육을 변화시키고 혁신할 수는 없다는 것을 알았지만, 이번 글쓰기를 하면서 새삼 깨닫게 되었다. 혼자만의 '치열함'과 '열정'의 실천활동은 개인적인 실험으로 끝나지만, 함께 꿈꾸는 열정과 실천은 교육현장을 변화시켜 거대한 흐름을 만들고, 교육의 패러다임을 바꿀 수 있는 희망을 만들 수 있다.

혁신교육의 오늘이 있기까지 혁신교육이 추구하는 교육론에 매료되어 학교현장을 바꾸려는 실천활동을 줄기차게 전개해온 실천활동가들의 노고에 무한한 경의를 표하고, 그들의 열정에 힘찬 박수를 보낸다.

혁신교육이 우리 교육현장에 물결쳐서 우리 아이들이 행복한 학교생활을 하고 행복한 미래를 꿈꿀 수 있기를 소망하며, 이 땅의 학생들에게도 응원과 사랑의 메시지를 보낸다.

함께 고민하고 열정을 쏟고 웃고 울어준 분들이 있어 행복했던 교육 실천 35년!

필자가 참교육연구소장으로 재직하던 때 교육혁신을 위해 실천활동에 열정으로 매진하는 교사, 교육학 연구자, 교육시민사회 활동가 중에서 30명을 모집하여 '2009 교육희망 찾기 북유럽교육 탐방단'을 꾸려 핀란드와 스웨덴 교육을 탐방하였다. 탐방 중에 스웨덴 스톡홀름에서 핀란드로 가기 위해 발틱해를 건너는 심야 '실야라인'[1] 선상에서 맥주 한 잔씩 앞에 놓고 교육에 관한 선상 토크를 하던 중 일행 한 명이 "북유럽 학생들의 행복한 교육을 보니 우리 아이들이 너무 불쌍하다!"고 울

---

1. 스웨덴 스톡홀름에서 핀란드 헬싱키를 운항하는 크루즈 여객선으로 16시간 동안 심야를 배 안에서 지내야 하는데, 그동안 토론과 간담회 등을 할 수 있다.

먹였다. 우리는 누구랄 것도 없이 모두 눈물을 훔치며 '우리 교육을 살려야 한다'고 '우리 아이들도 행복한 교육을 받게 해야 한다'고 마음속으로 굳게 다짐했었다. 그때 일행으로 참가했던 도종환 시인은 우리 교육에 대한 소망을 시로 표현하였다.

북해를 바라보며 그는 울었다

도종환

차고 푸른 수평선을 끌고 바람과 물결의
경계를 넘어가는 북해를 바라보며 그는 울었다
내일 학교 가는 날이라고 하면
신난다고 소리치는 볼 붉은 꼬마 아이들 바라보다
그의 눈동자에는 북해의 물방울이 날아와 고이곤 했다

폭 빠져서 놀 줄 알아야 집중력이 생긴다고 믿어
몇 시간씩 놀아도 부모가 조용히 해주고
바람과 눈 속에서 실컷 놀고 들어와야
차분한 아이가 된다고 믿는 부모들을 보며
배우고 싶은 내용을 자기들이 자유롭게 정하는데도
교실 가득한 생각의 나무를 보며
그는 피요르드처럼 희고 환하게 웃었다
아는 걸 다시 배우는 게 아니라
모르는 걸 배우는 게 공부이며

열의의 속도는 아이마다 다르므로

배워야 할 목표도 책상마다 다르고

아이들의 속도가 생각보다 빠르거나 늦으면

학습 목표를 개인별로 다시 정하는 나라

변성기가 오기 전까지는 시험도 없고

잘했어, 아주 잘했어, 아주아주 잘했어

이 세 가지 평가밖에 없는 나라

친구는 내가 싸워 이겨야 할 사람이 아니라

서로 협력해서 과제를 함께 해결해야 할 멘토이고

경쟁은 내가 어제의 나하고 하는 거라고 믿는 나라

나라에서는 뒤처지는 아이가 생기지 않게 하는 게

교육이 해야 할 가장 큰일이라 믿으며

공부하는 시간은 우리 절반도 안 되는데

세계에서 가장 공부 잘하는 학생들을 보며

그는 입꼬리 한쪽이 위로 올라가곤 했다

가르치는 일은 돈으로 사고파는 상품이 아니므로

언제든지 나랏돈으로 교육을 시켜주는 나라

청소년에 관련된 제도는 차돌멩이 같은 청소년들에게

꼭 물어보고 고치는 나라

여자아이는 활달하고 사내 녀석들은 차분하며

인격적으로 만날 줄 아는 젊은이로
길러내는 어른들 보며 그는 눈물이 핑 돌았다

학교가 작은 우주라고 믿는 부모와
머리칼에서 반짝이는 은빛이
눈에서도 반짝이는 아이들 보며
우리나라 아이들을 생각하며
마침내 그는 울었다
흐린 하늘이 그의 눈물을 내려다보고 있었고
경계를 출렁이다가도 합의를 이루어낸 북해도
갈등이 진정된 짙푸른 바다를 바라보고 있는 이들의
가슴도 진눈깨비에 젖고 있었다[2]

쿼바디스 도미네!

2016년 사랑하는 나의 학생들 북서울중학교 3학년 3반 학급문집 '꿈, 사랑, 그리고 3반!'에 담임교사의 닫는 글로 이렇게 적었다.

"2016년! 참으로 가혹한 운명이여!
주여! 내 삶은 어디로 가야 하나이까!"

2. 도종환(2010), 『핀란드 교육혁명』, 「여는 시: '북해를 바라보며 그는 울었다」, 살림터.

2016년 10월 나의 희망인 아들 한빛이가 하늘나라로 떠난 3일 후 10월 29일부터 광장에서 촛불이 타오르기 시작했다. 그로부터 1년 6개월이 흘렀다.

촛불 이전, 한빛의 죽음 이전까지는 내 인생의 한 순배인 육십갑자를 살아온 시간, 크로노스의 시간이 존재했다. 그 이후 1년 6개월이 지난 오늘까지는 그 어떤 시간도 존재하지 않았다. 멈추어버린 시간 속에서 진공의 삶을 살아온 것이다.

지금부터라도 되찾아야 한다. 내 삶의 크로노스의 시간을, 그리고 카이로스의 시간[3]도.

교육 실천 35년,
함께 일구어주신 모든 분께 감사와 고마움을…

교육 실천 35년이 있기까지 열정으로 교육혁신을 꿈꾸며 활동하고 있는 교사, 교수와 연구자, 교육시민사회 활동가, 실천활동과 교육혁신을 위

---

3. 크로노스의 시간과 카이로스의 시간은 그리스 신화에 나오는 시간을 의미하는 신에서 유래된 시간의 개념이다. 크로노스의 시간(물리적 시간, 절대적 시간)은 일반적인 시간을 의미한다. 자연적으로 해가 뜨고 지는 시간이며, 지구의 공전과 자전을 통해 결정되는 시간을 말한다. 태어나고 늙고 병들고 죽는 생로병사의 시간이다. 그러므로 흔히 말하는 '시간 관리를 잘한다'는 것은 크로노스의 시간을 의미하는 것이다. 카이로스의 시간(논리적 시간, 상대적 시간)은 의식적이고 주관적인 시간, 순간의 선택이 인생을 좌우하는 기회의 시간이며, 결단의 시간이다. 누구에게나 공평하게 주어지는 시간이지만, 사람들은 각각 다른 시간을 살고 있다. 똑같은 24시간을 살더라도 어떤 사람이 느끼는 24시간의 속도와 다른 사람이 느끼는 24시간의 속도는 다르다.

해 함께해주신 동료 선후배 실천활동가와 선생님들께 감사드리고 싶다.

교직 인생 35년 동안 나와 함께 웃고 울면서 교단을 지키게 해준 사랑하는 제자들에게 고마움을 전한다.

"너희로 인하여 내 인생이 그나마 빛나고 행복했기에 사랑한다. 제자들아! 행복하여라!"

여기까지 살아온 삶과 그 이야기는 행복한 사회를 꿈꾸다가 먼저 하늘나라로 떠나간 나의 희망이었던 아들 한빛! 오늘도 행복한 사회를 만들기 위해 쉬지 않고 활동하고 있는 자랑스러운 아들 한솔! 교직 동지이며 아내로서 평생을 삶의 동반자로 모질게 가파른 세월을 함께 건디며 헌신적 희생으로 내 곁을 지켜준 아내 김혜영 선생! 사랑하는 가족에게 바친다.

마지막으로 열정적으로 격동의 세월을 힘겹고 강팍하게 살아온 내 자신에게 바친다.

35년 세월을 한순간도 쉴 틈이 없이 혹사당하며 나의 버팀목이 되어준 내 육신과 영혼에게 고마움을 전한다.

이제 모든 것을 내려놓고 잠시 쉬고 싶다.

그리고 이제 말을 아끼고 싶다. 육신의 몸놀림도 힘들지 않게 하고 내 육체와 영혼에게도 잠시 휴식을 주고 싶다.

2018년 8월

이용관

차례

1부

미완의 교육 실천 35년,
못다 한 이야기

1장

미완의 교육 실천 35년

1.

암울한 예비교사 시절

유신 말기와 1980년 초를 군대에서 보내고 전두환 체제가 완벽하게 자리 잡은 1980년 9월 복학해서 5월 광주를 비껴간 자괴감을 가슴에 안고 지내던 대학 생활은 암울함과 참담함의 연속이었다. 속죄하며 살 길은 교단에서 교육운동을 통해 사회변혁을 이루는 길밖에 없다고 여기고 대학 생활 내내 가슴을 쓸어안으며 절망의 세월을 보내야만 했다.

숨 막히는 병영체제와 같은 대학 생활

1977년에 대학 생활을 늦깎이로 출발했다.[1] 그때는 유신체제가 말기로 접어들면서 대학이 병영체제와 다를 바 없었다. 학도호국단체제의 학

---

1. 1972년 광주시에서 중학교를 졸업하고 광주에 있는 K상고에 합격했으나 진학을 포기하고 희망을 잃고 방황하며 청소년 시절을 지내다가 무작정 상경하였다. 17~18살에는 성수동 뚝섬공단의 현대자동차 부품을 납품하던 하청업체에서 1년 2개월 동안 프레스공으로 보냈다. 1974년에 학업을 계속하기 위해 늦깎이 고등학생이 되어 대학 생활도 늦게 출발했다.

교는 그야말로 군대조직처럼 짜여 있었다. 1학년 1학기에는 문무대에 입소하여 병영집체훈련이라는 군사훈련을 받아야만 했으며, 2학년 때는 전방 부대에 입소하여 병영체제를 직접 경험해야 했다. 유신 말기의 대학에서는 참으로 우스꽝스럽게도 저항다운 저항 한번 못하고 이 땅의 젊은이들이 폭압적인 정치에 의한 학교 병영화에 그저 숨죽이고 살아야만 했다.

이러한 상황에서 현실도피의 수단은 군 입대밖에 없었다. 늦깎이 대학생이어서 선택의 여지도 없이 1학기를 마치자마자 징집영장이 나와 아무런 미련도 없이 논산훈련소에 입소하였다. 군사훈련을 마치고 수송병과로 배속되어 운전교육대에서 12주 운전교육을 받고 운전병이 되어 나머지 군대 생활을 수송대대에서 보냈다. 아이러니컬하게도 마지막 휴가 중에 친구들과 나이트클럽에서 놀고 있다가 독재자 박정희가 김재규의 총탄에 맞아 쓰러진 소식을 듣고 환호성을 지르며 신바람 나게 몸을 마구 흔들어대며 춤을 추었던 일도 있었다. 귀대해서는 전두환의 12·12 쿠데타로 계엄령이 확대되면서 무장병력을 싣고 지역의 관공서를 장악하기 위해 새벽에 시청사로 점령군을 수송하는 역할을 하는 계엄군으로 활동하였다.

5·18 이후 복학과 암울한 대학 생활

1980년 5월 1일에 제대하고 미처 고향인 화순에 내려가지 못하고 복학 준비를 하고 있는데 5·18광주민중항쟁이 일어났다. 친지와 선후배 광주시민이 학살당하는 순간에도 멀리서 바라만 보다가 계엄군이 광주를 진압한 후인 5월 29일에야 뒤늦게 광주에 내려가 참상을 전해 들었다. 가족과 친지를 잃은 사람들 앞에서 망연자실하여 돌아선 후로 광주는 나의 삶을 짓누르는 멍에일 수밖에 없었다.

광주에서 피의 항쟁이 그렇게 진압되고 전두환 체제는 시작되었다. 9월에 캠퍼스는 다시 문을 열었으나 이미 대학은 죽음 같은 침묵만이 흐르는 절망의 공간이었다. 캠퍼스 곳곳에 정보원들이 공공연하게 상주하면서 학생들의 일거수일투족을 감시하는 체제가 일상화되어 있었다. 대학의 특권인 자율은 사라지고 감시와 통제에 순응하는 문화-일종의 허위와 기만과 모순으로 가득한 생명력이 없는 대학문화가 판을 쳤다. 소수 학생들은 독서클럽이나 문학회로 위장한 이념 서클을 만들어 사회과학 공부를 하거나 학교를 그만두고 노동현장에 위장 취업하는 등 직접 노동현장이나 사회현장으로 뛰어들기도 했다.

폭압적인 전두환 독재체제에서 복학생의 캠퍼스 생활은 암담하기 그지없었다. 암울한 시대를 살아가기 위해서 아주 사소하고 개인적인 취미활동 수준의 봉사활동 클럽이나 종교적 활동 또는 문학 동아리, 학술동아리를 기웃거리며 소일거리를 찾거나 철저히 개별화되어 고립적으로 살아가는 방법밖에 없었다. 일부 학생들은 음주와 가무에 빠진 퇴폐적인 문화에 젖어서 세월을 보내곤 했다.

필자는 학내에 있는 가톨릭학생회에서 활동하였으며, 교육학과 학생 3명과 시문학회를 만들어 시작 연습을 하였다. 또한 교외 활동으로는 국

제시민봉사회Service Civil International에 가입하여 봉사활동을 하였다.

캠퍼스 주변 술집에는 가끔 술에 취해 흐느끼는 학생들이 있었다. 가슴 아픈 이야기지만 광주의 아픔을 어찌할 수 없어 술에 취해 흐느끼는 아픔들이 캠퍼스 주변을 서성거린 것이었다.

야만의 세월, 침묵의 캠퍼스

소위 '학생운동권'이라는 지하 조직은 간간이 잡혀갈 순서를 정해 캠퍼스 옥상에 올라가 밧줄에 매달린 채 유인물을 뿌리거나 나무 위로 올라가 몇 마디 외치다가 캠퍼스 곳곳에 상주하고 있던 전경에 의해 수십 초 만에 잡혀가는 일이 벌어지곤 하였다. 주변인처럼 캠퍼스 주변에서 이를 지켜보던 시간은 너무나 가슴이 아프고 쓰라려서 쓰디쓴 눈물을 속으로 삼켜야 하는 야만의 세월이었다.

침묵의 캠퍼스에서 유일한 탈출구는 교사로 진출하는 길이라고 생각하고 3, 4학년 시절에는 교직 진출을 위해 시험공부에 매달리며 매일 도서관에서 시간을 보냈다. 교직 생활과 실제 관련이 없는 죽어 있는 교육학과 교과교육학을 외우며 코피 터지게 공부를 해야만 했다.[2]

예비교사 시절은 시대만큼이나 학교에서 배우는 것도 암울함 그 자체

---

2. 당시에는 순위고사에 합격하여 국공립학교로 진출하는 것만을 교직 진출의 정상적인 통로로 여겼다. 대다수의 사립학교는 연줄이나 돈이 없으면 교직으로 나가기가 힘든 시절이어서 여학생들과 돈과 연줄이 없는 남학생들은 사활을 걸고 순위고사를 준비하였다.

였다. 교수들은 몇십 년이 지난 강의노트에 적힌 서구 이론을 앵무새처럼 반복하며 우리 교육과는 동떨어진 서구 이론을 절대시하였다. 그들은 우리 교육 현실과 접맥하려는 어떠한 노력도 없었고 우리 교육에 대한 진지한 고민은 더더욱 찾아볼 수가 없었다.

스터디 그룹을 만들어 공부하는 게 유일했지만, 이것마저도 교직 진출의 희망을 버리지 않은 소수의 관심에 머무른 수준이었다. 졸업만 하면 모두 발령이 나는 국립사범대는 그래도 여기저기 끼리끼리 모여서 교육의 본질과 교육개혁 그리고 사회개혁 문제 등에 대해 공부하고 토론할 수 있었으니 부럽기도 하고 질투가 나기도 했다.

기대에 찬 교직 진출

순위고사를 통과하고 교직에 진출하는 순간에는 암울한 시대가 끝나고 학생들 앞에서 마음껏 교육활동을 할 수 있다는 기대감으로 부풀어 있었다. 그러나 학교에 나가면 하고 싶은 교육을 마음껏 할 수 있으리라는 기대는 순식간에 무너졌다. 교육현장에 발 딛는 순간, 교직에 대한 이러한 순진한 꿈이 무모한 기대임을 깨닫게 되었다.

2.
새내기 교사의 무모한 열정

학교현장은 겨울공화국이었다

첫 발령을 받고 교직에 진출했던 1984년에도 교육현장은 암울했다. 1977년 양성우 시인이 외쳤던 '겨울공화국'은 여전히 계속되었다. 동토의 땅, 숨 막히는 침묵 속에 얼어붙은 절망의 교육현장이었다.

새내기 교사가 첫 발령을 받고 출발한 교육현장의 어디에도 '교육다운 교육'은 없었다. 거대한 콩나물시루에 콩을 잔뜩 집어넣고 물만 주면 연약한 콩나물이 소비자가 먹기 좋게 부드럽게 자라게 하는 곳, 이곳이 바로 콩나물시루 같은 학교다. 여기에 매일매일 물을 주는 일이 교사가 하는 역할이다. 사범대 강의실에서 학점을 따기 위해, 순위고사 문턱을 통과하기 위해 그렇게 머리 싸매고 공부했던 '교육학'이 고작 콩나물시루에 물을 주는 역할이라니, 참으로 허무하고 황당한 일이 아닌가? '콩나물'이 아닌 '콩나무'를 기르는 일은 어디에도 없다니, 이렇게 '교육학'이 아무짝에도 쓸모없는 허무맹랑한 지식이라니!

선배 동료 교사들과 호프집에서 생맥주 한잔으로 하루의 스트레스를 풀기 위해 모이면 소소한 토론이 있기 마련이고, 그때마다 '교육학자' 같은 소리를 한다고 외면당하기 일쑤고, 하는 수 없이 서글픔을 안으로 집어삼키며 살아야 했다. '교육다운 교육' 이야기는 실종되고, 학생들을 더욱 경쟁시키고 입시에서 더 좋은 성적을 얻을 수 있도록 통제하고 쥐어짜는 일, 즉 '콩나물'을 먹기 좋게 부드럽고 탐스럽게 키우는 일에 빠져 모두가 물 주기에 충실하게 몰두하고 있었다.

소위 '학군이 좋은 지역'에서는 더 좋은 비료나 성장 촉진제를 주어 더 좋은 콩나물을 생산해 경쟁력을 확보하기 위해 몰두하였다. '학군이 좋지 않은 지역'에서는 어떻게 해서든지 경쟁력을 높이려면 물이라도 한 번 더 주어야 한다며 교사의 열정만을 재촉하였다. 이러한 교육현장에는 튼튼한 '콩나무'로 성장하여 튼실하고 알찬 다양한 '콩'을 열매로 맺게 하는 '교육다운 교육'이 숨 쉴 공간은 어디에도 없었다.

교사는 정권의 하수인?

교직에 첫발을 내디딘 1984년, 전두환 체제가 더욱 견고하게 자리를 잡아 학교현장에는 병영체제를 방불케 하는 획일적 통제 시스템이 구축되어 있었다. 교사는 정권의 하수인이 되어 정권에 의해 만들어진 교과서 지식 외에는 아무것도 이야기할 수 없는 상황이었다. 교사는 '지식 전달자', '정권의 하수인', 학생을 통제하고 훈련시키는 '조련사'로 전락한 교단에서 진정한 교육자다운 교사가 될 수 없다는 자괴감 속에서 살아야 했다. 교과서에서 조금만 벗어나는 내용을 문제 제기하면 '문제교사'로 낙인이 찍히는 숨 막히는 교단생활이었다.

소외 학생 곁으로

숨 막히는 구조 속에 매몰되지 않기 위해 나름 돌파구를 모색했던 활동이 학습에서 소외당하고 교실에서 존재감도 없이 지내는 아이들인 '학습지진아'를 위한 보충수업이었다. 최소한의 교육자적 양심에서 출발한 활동이었다. 학습지진아 수업의 취지를 알리고 16명의 젊은 교사를 규합하여 몇 번의 모임과 학습을 거친 후 각 반 담임의 추천을 받고 본인의 동의를 거친 42명의 아이들을 모아 2개 반으로 편성, 주당 2회 하루 두 시간씩 수업을 진행하였다. 장미A반, 장미B반을 하루 2시간씩 주당 4시간, 1시간에 2명씩 16명의 교사가 수업에 참여하였다. 처음에는 관리자들이 '젊은 교사들이 모여 무슨 작당 모의나 하지 않는가' 의심스러운 눈초리를 보였지만 나중에는 진행되는 모습에서 진정성을 느끼게 되었으며, 교육청에 특색 사업으로 보고하여 학교 성과로 활용하기도 하였다.[3]

학급당 학생 수가 70명인 콩나물 교실에서 수년간 누적된 학습 소외와 기초학습 미달자가 몇 시간의 특별 보충학습으로 해결되리라는 기대

---

3. 1980년대 학습지진아를 위한 특별 보충수업은 영동중학교에서 먼저 시도했으며, 숭인여중에서는 영동중학교 사례를 참고하여 실시했다.

는 처음부터 하지 않았다. 단지 그 아이들이 자기들에게 관심을 갖고 보살피는 교사가 있음을 느끼고, 조금이라도 자존감을 찾아 학교가 지옥처럼 여겨지지 않았으면 좋겠다는 생각에서 출발한 것이다. 실제로 기초학력을 보충하기에는 한계가 명확하다는 것을 실감하였다. 그러나 참여한 교사들은 쉬는 시간만 되면 그 아이들이 자신들 주변을 맴돌며 밝은 표정을 짓는 모습을 보고 보람을 느꼈다. 학습 소외자를 보는 생각이 바뀌면서 아이들에게서 교사의 역할이 어떠해야 하는지를 배웠던 셈이다.

창의적인 교육이 가능할까

첫해 수업에서 모둠학습으로 창작 연극 공연을 하였다. 교실 커튼을 뜯어다가 막으로 활용한 모습을 보고 지나가던 교감 선생님이 '교실이 이게 뭐냐. 국어 시간에 국어 수업은 하지 않고 떠들고 난장판을 치면 다른 반 수업이 어떻게 되겠냐? 다른 반 수업에 지장을 주니 자제하라'고 하였으나 강행하였다. 우수한 모둠을 선정하여 시청각실에서 교직원과 학생들 앞에서 성황리에 공개 공연을 마쳐 그 관리자를 무안하게 했던 해프닝 같은 사연도 있었다.

우애반(선도부) 담당 학생생활지도부 교사로서 교문지도와 소위 '문제아' 생활지도에 온 힘을 다했으나 별로 나아지지 않았다. 그래서 우애반과 문제아 80여 명을 함께 모아 양평의 용문가톨릭캠프장에서 합동 캠프를 실시하여 예방적 학생지도를 시도하였다.[4] 하지만 이처럼 창의적인 교육활동에 보람을 느끼며 교사로서 자긍심을 갖는 데에는 한계가 있었다. 주변에서 가해지는 유형무형의 장애 요인들과 시선 또는 압력으로 지치고 스스로 좌절할 수밖에 없었다.

교육자인가 권위적 관료인가?

새내기 교사의 좌충우돌은 동료나 선배 교사들한테는 관리자에게 잘 보여 좋은 점수 따려는 의도로 보여 시기의 대상이 되기도 했다. 그때 새내기 교사로서 교육자의 삶에 대해 근본적으로 고민하게 됐던 사건을 겪었다.

당시에는 연합고사와 고교입시가 있어서 중학생들도 밤 7~8시까지 교실에 잡아두고 야간자율학습을 시켰는데, 어느 날 한 여학생이 의식을 잃은 채 쓰러졌다. 업고서 병원으로 달려가 응급조치를 하고 학교로 돌아오니, 연락을 받은 교장 선생님이 학교에 와 있었다. 그런데 교장 선생님이 그 학생의 건강 상태와 안부는 묻지 않고 대뜸 병원비는 어떻게 처리했느냐고 물었다. 학생의 건강을 먼저 챙기지 않고 병원비를 거론하는 모습에 아연실색하지 않을 수 없었다. '교육자'다운 모습이라곤 찾을 수 없어 충격이었다.

---

4. 서울을 벗어나 교외로 나가는 1박 2일 캠프는 이 학교 개교 이래 처음 있는 일이었다.

열정이 더 고달픈 교단

연극반과 독서토론반을 만들어 상설 동아리 활동을 활성화하기 위해 나름 열정을 쏟았다. 새내기 교사로서 '입시경쟁'에 매몰된 아이들에게 숨 쉴 틈을 만들어주려 발버둥을 쳤지만, 완고한 교육체제 속에서 점점 지쳐갔다. 어느 순간 교사로서 제대로 된 교육활동을 하기에는 너무나 많은 장벽에 막힌 교육 현실에 직면하였다. 숨 막히는 교육 현실에서 돌파구를 찾을 수 없어 절망감에 빠졌다. 지치고 좌절하면서 점점 체제에 안주하려는 나 자신의 모습이 너무도 싫었다. 암울한 교육현장을 두고 '여기서 주저앉을 수는 없지 않은가' 수없이 되뇌면서 울분과 고민 속에 지내던 새내기 교사 시절이었다. 사명감에 불타 희망으로 출발하면서 누구보다 멋진 선생님이 되어 보람과 신명을 느끼며 학생들과 함께하고자 했던 소박한 꿈을 실현하기에는 교육 현실이 너무나 암울하였다.

불쌍한 아이들

새내기 교사 2년 차 담임을 마치고 펴낸 학급문집에 불쌍한 아이들에 대한 담임교사의 푸념과 넋두리, 그리고 교육 현실의 답답함을 시로 썼다.

꼴찌의 눈물

눈 비비고 울었지 소시지 햄버거가 아닌 보리밥 김치 도시락이라고 교문에 인사하면서도 울었지 그것은 또 다른 형식주의자들의 우상이라고 나이키 양말 아식스 가방 프로스펙스 신발에 대고 소리쳤지.

역사는 맨날 왕조들의 사생활을 들먹이며 흘러가도 말없이 구경만 하고 시는 누구의 감정을 읊조리는지도 알 수 없는 시 구절만 외우며 새마을 운동을 적어 내고 숫자놀음을 익히는 계산기 같은 산수를 들여다보고 혀가 굳어 꼬부라지지 않아도 혀 꼬부라진 소리를 내뱉으며 마이클 잭슨과 키메라를 혼동시키는 노래 소리는 애국가 4절만 소리 높여 부르면 그만이고 원수 놈의 공산주의는 도덕을 욕하는 시간이 되게 하고 사회경제는 외채 타령을 영문도 모르게 한바탕 치르고 확성기에서는 아침마다 홀어머니를 모신다는 소녀 가장 경로효친 영웅들이 들끓는 소리로 왱왱거리고 운동장에서 양춤을 추느라 북새통에는 그냥 넋이 빠지고 꿈속에서마저 올림픽과 손님맞이 포스터를 색칠하며 눈물 바가지로 울었지.

눈물은 답안지에 못 쓴 답 때문이 아니고 못한다고 매 맞는 손바닥이 아파서도 아니고 고함치는 선생님의 말씀이 무서워서도 아닌 감동은 더욱 아니고 그렇다고 기뻐서 웃는 웃음은 더더욱 아닌 사람답게 사는 법이 애매해서 사람답게 사는 법을 애타게 찾으며 눈물 바가지로 쏟는 울음이지.

웃음과 울음의 의미를 잃어버린 삶의 경주는 계속되고 우리는 그때마다 용두동 제기동 거리 지나 신설동 로터리 골목 4층 건물 24평 목조 교실 바닥에 엎어져서 눈물 바가지로 울며 아픔을 벗고 껍데기를 벗고 몸부림을 치며 알을 까고 또 깠지.

대공원 동물원 우리 안 동물이 세상에 또 있다고 단 한 번 덩실 덩실 춤을 추었지. 덩다끼 덩기덕 덩다끼 얼쑤 좋다.[5]

5. 이용관(1986), 「꼴찌의 눈물」, 3-5반 학급문집 『다섯 발가락』, 숭인여자중학교 3-5반.

3.
교육운동에 바친 활동가의 삶

『민중교육』 사건과 충격

2년 차 새내기 교사가 암울한 교육현장에서 열정만으로 좌충우돌 시행착오를 반복하면서 지쳐갈 무렵, 『민중교육』 사건[6]이 터졌다. 1985년 절망적인 교육현장에서 울분만 토하던 상황에서 선배 교사 한 분이 이 무크지를 건네주었다. 숨이 가슴까지 턱턱 막히던 찰나에 소나기 같은 충격으로 다가온 시원함 그 자체였다. 교육현장을 진단하고 비판하는 목소리에 넋을 잃고 단숨에 읽었던 기억이 지금도 생생하다. 하지만 충격도 잠시뿐 그보다 더 심각한 폭격을 당하는 사건이 터졌다. 이른바 『민중교육』 사건이었다.

이때 충격을 받은 이유는 『민중교육』을 기획하고 글을 쓴 교사를 탄압하는 독재정권 때문이기도 하지만, 그보다는 우리 교육 현실을 진단하고 폭로하는 교사가 혼자만이 아니었으며 집단적으로 조직적으로 우리 교육 현실을 고민하는 교사들이 있다는 사실이 너무 반갑고 눈물이 날 지경이었기 때문이다. 이 정도의 내용으로 줄줄이 엮어 좌경용공 교사로 몰아가는 공안정국에 분노조차 할 수 없는 어처구니없는 한국 사회 현실이 비참할 뿐이었다.

교사모임과 교육민주화선언 참여

『민중교육』 사건 이후 'YMCA중등교육자협의회'[7] 토론회와 '흥사단교육문화연구회'[8] 민속놀이 강습 등 교육운동 단체에 드나들며 여기서 돌

---

6. 『민중교육』은 교육현장의 문제의식을 모아 'YMCA중등교사회' 회원들이 주축이 되어 만든 비정기 무크지였다. 참여 교사들은 주로 1980년대 이후 지속적으로 교육현장의 문제를 공유하며 새로운 방향을 모색하던 중이었고 일선 교사들의 시각에서 교육문제 해결의 방안 제시를 하고자 한 것이 바로 『민중교육』의 창간이었다(서중석, 『서중석 르뽀집: 80년대 민중의 삶과 투쟁』, 역사비평사, 1988, 114쪽). 이러한 『민중교육』의 발간 취지는 1985년 5월 20일 출간된 창간호에 고스란히 담겨 있었다. 『민중교육』은 크게 '좌담'(분단 상황과 비인간화 교육), '특집'(교육의 민주화)을 중심으로, '창작', '번역', '소외된 현장의 목소리', '교육시평', '서평', '르뽀' 등으로 구성돼 있다(민중교육편집위원회, 『민중교육』①, 실천문학사, 1985 참조). 『민중교육』은 게재된 글들의 치열한 현장성과 교육문제의 사회구조적 접근 등의 예리한 시각으로 출간과 동시에 관심 있는 독자들의 호응을 얻게 되었다(서중석, 같은 자료, 114~115쪽).
그러나 1983년 말 이래의 유화국면에서 터져 나오는 사회 각계각층의 민주화 요구와, 특히 1985년 상반기 대우자동차 파업 및 구로동맹파업 등의 노동운동의 고양, 미문화원 점거농성과 삼민투위 사건 등은 정부로 하여금 아래로부터의 '비판의식'의 무서움을 깨닫게 했다. 따라서 전두환 정권은 정부 및 사회에 대한 어떤 종류의 비판의식에 대해서도 '좌경용공'의 딱지를 붙이려 했고, 1986년 하반기 출판 서적에 대한 마녀사냥을 본격화했다. 당시 사회 비판 서적을 출간하던 창비사, 실천문학사 등은 정부의 상시적인 요주의 대상이 되었다.
1983년 말에서 1984년 초에 발생한 Y중등교사회가 연루된 '교과서 사건' 또한 정부가 교육현장의 문제점을 지적하는 교사들에 대한 긴장감을 늦추지 않고 있었다는 사실을 보여주었다.
더불어, 『민중교육』지 사건 배경의 또 다른 맥락에는 민주화운동 진영의 저항 담론이자 저항 주체의 상징성을 가진 '민중'이라는 담론 자체에 대한 정부로부터의 공격이 존재한다. 당시 문예운동 진영 역시 '민중미술', '민중문학' 등의 논의를 활발히 전개하고 있었기 때문이다(서중석, 같은 자료, 114쪽). 정통성 없는 사상누각의 사이비 공화국 정부에게는 민주주의 체제의 권력의 소재와 주체를 공공연화하는 일이 무엇보다 위협으로 느껴졌던 것이다(출처 http://snu.osasf.net/items/show/184).

파구를 찾을 수 있겠다는 믿음을 갖게 되었다. 이를 계기로 교직생활 내내 교육운동의 길로 들어서게 되었다. 학교에서 답답하고 풀리지 않았던 문제들을 이들과 토론하고 공부하며 새롭게 교육에 대해 눈을 뜨게 되었다. 대학의 교육학 이론서에서도 학교현장에서도 답을 찾을 수 없는데, 교육운동 활동가들이 모이면 뭔가 답을 찾을 수 있다고 여기게 된 것이다.

본격적으로 교육운동에 가담하게 된 것은 '교육민주화선언'[9]에 참가하면서부터였다. 교육민주화선언에 참가한 다음 날, 수업을 하고 있는데 교감 선생님이 교실까지 찾아왔다. 전날 선언에 참여 여부를 묻는 과정에서 당당하게 참여했다고 밝힘으로써 소위 '문제교사'라고 스스로 공개한 것이다. 물론 학교에서는 비공개로 하기로 내부 지침이 바뀐 것을 뒤늦게 알았지만, 이미 참여했다고 공개함으로써 드러내놓고 교육민주화

---

7. 1982년 창립된 '한국YMCA중등교육자협의회'는 학생운동권 출신 교사들이 엄혹한 전두환 체제에서 교육운동 모색을 위해 YMCA라는 합법적인 단체의 공간을 활용하기 위해 만든 교육운동 단체이다. 정권의 Y교사회 교육운동에 대한 탄압으로 '상록회 사건(1983년)', '민중교육지 사건' 등이 이어졌으며, '교육민주화선언'을 발표(1986. 5. 10)하여 사회적으로 커다란 반향을 불러일으켜 이후 교육민주화운동의 불을 지피는 역할을 하였다. 이로 인해 선언 교사들의 징계와 구속, 그리고 교사들의 YMCA 회원 활동에 대한 탄압이 이어지자 연맹 이사회는 대책위원회를 구성하여 교육민주화선언이 한국YMCA의 기본 이념과 정신 속에서 이루어진 것임을 밝히고, 교육민주화운동에 대한 탄압의 중지를 요구하였다. 또한 전국 각 지역 YMCA에서는 교육민주화와 부당 징계 철회를 위한 기도회와 시민논단을 개최하였다. 한국YMCA중등교육자협의회는 1987년 6·29선언 이후 '민주교육추진을 위한 전국교사협의회'의 발족에 산파 역할을 한다.

8. 흥사단교육문화연구회는 1980년대 초반 여성유권자연맹 소속 20대 여교사들(김혜경, 한두선, 이희진, 최명자, 한송희)의 문화운동 소모임에서 비롯되었다. 그 이후 문화운동을 교육운동에 연결하여 'Y교사회'와 역할 분담 형식으로 문화운동을 통한 학교현장의 변화를 모색하기 위해 학생과 교사들의 민속놀이 강습과 캠프를 열어 교육운동의 지평을 열고 이후 '전국교사협의회'를 거쳐 '전교조' 결성 과정에 결합하여 중요한 역할을 하였다.

운동을 할 수 있어서 결과적으로는 잘한 결정이었다. 같은 학교 동료 교사들이 징계에 대비하기 위해 징계대책위원회를 준비하고 있어서 교육민주화운동이 외롭지 않았고, 그들의 지지가 든든한 언덕이 되어주었다. 선언 이후 학교에서는 심하지는 않았지만 계속적인 감시와 주시의 대상

---

9. 1986년 5월 10일 전국 800여 명의 교사들이 참석한 가운데 집회가 열려 서울에서 500여 명의 교사들이 교육민주화선언 서명에 참여하였다. 교사들이 주체적으로 교육민주화 의지를 표명한 교육민주화선언은 교육운동 대중화의 기틀이 되었다. 또 최초로 교육의 주체를 학생, 학부모, 교사라고 밝힌 교육 주체 선언으로 이후 교육민주화운동의 방향타 역할을 하였다.

이 선언은 당시 학교교육의 모순을 지적하고 교육민주화를 주장하였다. 선언의 구체적 내용을 살펴보면, 교육민주화를 위해서는 1)「헌법」에 명시된 교육의 정치적 중립성은 실질적으로 보장되어야 한다. 교육은 정치에 엄정한 중립을 지켜 파당적 이해에 악용되어서는 안 된다. 2) 교사의 교육권과 제반 시민적 권리는 침해되어서는 안 되며 학생과 학부모의 교육권도 최대한 보장되어야 한다. 3) 교육행정의 비민주성, 관료성이 배제되고 교육의 자율성이 확립되기 위해 교육자치제는 조속히 실현되어야 한다. 4) 자주적인 교원단체의 설립과 활동의 자유는 전면 보장되어야 하며 이에 대한 당국의 부당한 간섭과 탄압은 배제되어야 한다. 5) 정상적인 교육활동을 저해하는 온갖 비교육적 잡무는 제거되어야 하며, 교육의 파행성을 심화시키는 강요된 보충수업과 비인간화를 조장하는 심야학습은 즉각 철폐되어야 한다고 주장하였다.

선언 직후 정부는 여기에 참여한 교사들에 대하여 중징계 방침을 표명하였다. 그러나 일선 교사들, 학생, 종교단체, 재야단체들은 교육민주화선언을 적극 지지함과 동시에 대책위원회를 만들어 연좌농성을 하고 징계 철회와 교육민주화를 요구하는 성명을 연달아 발표하였다. 또한 관련 교사들도 징계 절차에 불응하였다. 징계 부당론이 확산되자 교육 당국은 1986년 5월 17일 관련 교사들에 대한 감봉, 경고 등으로 일을 마무리 짓고자 하였다.

그러나 교육민주화선언은 5월 29일 강릉 지역 교사들의 교육민주화선언, 6월 14일 충청 지역 교사들의 교육민주화선언, 7월 12일 전북 지역 교사들의 교육민주화선언으로 이어져 전국적으로 확산되었다. 또한 서울, 호남, 해남, 강원, 영남, 전주 지역의 교원들은 교육민주화실천 결의대회를 개최하여 교육민주화선언의 의미와 정신을 전파하는 조직적인 단체행동을 전개하였다.

교육민주화선언은 점차 조직적이고 공개적인 형태로 전개되던 교사운동이 대중성을 확보하는 계기가 되었다. 나아가 1987년 8월 13일 전국적인 교사운동 대중조직체인 민주교육추진 전국교사협의회를 결성하는 계기가 되었고, 결국 1989년 5월 28일 전국교직원노동조합 결성으로 연결되는 기반이 되었다. 다른 한편으로는 교원들에게 교육민주화 운동 경험을 제공하면서 교원들의 정치 참여의식을 높이고, 해직 등의 정부 탄압에 대항하여 운동세력 내의 결속력을 강화하여 교육운동 주체의 인적 역량을 교육하는 기회로서의 의미를 지니게 되었다(참고 자료: 전국교직원노동조합, 『한국교육운동백서』, 풀빛, 1997).

이 되어 요주의 교사로 낙인이 찍혔다.

뜻있는 교사들이 중심이 되어 엄혹한 시절을 그냥 주저앉아 있을 수는 없어서 뭔가를 모색하기 위한 지하 서클 형태의 모임을 만들어 활동하게 되었다. 서울지역은 4개 비공개 소모임으로 나누어 모임을 가졌다. 그중 동부모임에 참여하여 교육운동의 방향을 모색하기 위한 진보적인 교육학과 사회변혁운동에 대한 공부를 하였다.

6월 항쟁, 전교협과 전교조 결성

1987년 6월 항쟁으로 사회민주화운동이 확산되면서 교사들은 9월 27일 '민주교육추진 전국교사협의회'를 출범시켰다. 이 과정에 참여하여 적극적인 교육운동에 돌입하게 되었다. 1987년 4월 13일 전두환 체제는 대통령직선제 개헌을 거부하면서 독재체제를 유지 강화시키고자 하였다. 이에 사회는 각 분야별로 4·13 호헌철폐 선언을 조직하여 민주화의 열기가 확산되었다. 교사들도 동참하기로 했다. 하지만 공안 통치하에서 교사는 공무원 신분이라는 이유로 해직을 각오한 103명의 교사들이 참여하여 호헌철폐 교사선언을 함께하게 되었다. 절박한 마음에서 해직을 각오하고 동참했지만, 이후 6월 민중항쟁의 불길이 타오르자 중징계하겠다는 방침이 실현되지 않아 학교에 남을 수 있었다. 6월 항쟁 기간에는 마치 투사가 된 것처럼 매일 수업만 끝나면 시청과 광화문으로 달려가 시위에 참여하면서 교육민주화운동의 열정을 불태웠다. 전교협은 2년간 준비 끝에 전국교직원노동조합을 결성하였다.

전교조 결성으로 해직교사가 되었지만 한순간도 전교조를 떠나지 않고 본부의 정책연구팀에서 교육운동을 지속하였다. 본부에서는 정책연구국장, 정책위원장, 정책실장, 교섭국장, 참교육연구소 부소장과 소장 등 정책과 연구 분야의 주요 직책은 모두 맡아 하는 활동가로서 쉬지 않고 일해왔다.

전교조 상근 활동가로 일하다

1989년 해직 이후 전교조를 떠나지 않고 본부에서 정책연구국장을 시작으로 정책 단위에서 계속 활동을 했다. 1992년 전교조와 교육시민단체가 망라해서 교육대개혁투쟁과 100만인 서명을 진행할 때는 정책연구국장으로 전교조 교육대개혁안을 주도해서 만들었다. 이후 문민정부의 교육개혁위원회가 만들었던 5·31교육개혁안과 대척점에 있던 교육개혁안이 전교조 교육대개혁안이었다. 전교조 교육개혁안 중에서 교육개혁위원회가 전향적으로 받아들인 개혁안은 학교운영위원회 제도였다. 대부분의 개혁안은 전교조안과 배치되는 '경쟁과 자율'이라는 신자유주의 교육정책을 전면화하였으며, 이 5·31교육체제는 현재까지도 한국 교육체제의 근간이 되고 있다. 그 당시 전교조 정책 담당자로서 이를 막지 못한 것이 두고두고 안타깝다. 물론 불법 조직이었던 전교조가 이를 막는다는 것은 불가능한 일이었지만 말이다.

전교조 결성으로 1989년 8월 5일 직위해제되었다. 징계위원회를 거쳐 9월 26일 해임 통보를 받고 교단에서 쫓겨나 거리의 교사로 살아가는 해직교사가 되었다. 늦깎이 새내기 교사로 출발해서 교단에 섰던 4년 6개월은 끝났다. 암울했던 시절 교육현장에서 실천활동을 통해 교육을 바꿔보겠다는 열정 하나로 좌충우돌했던 시절이었다. 그 후로 그때만큼 아이들을 사랑하고 아이들을 위해 물불 안 가리고 뛰었던 시절이 다시는 오지 않았다. 지금 생각해도 순진하리만치 무모했던 도전과 실패가 낯 뜨겁고 부끄러웠다. 그러나 실패와 도전을 연속하게 했던 그 힘이 이후 교직 인생의 자산과 동력으로 작용한 것만은 분명하다.

활동가의 고단한 삶

1,500여 명의 해직교사와 함께 거리의 교사가 되었다. 약 5년의 교직 생활을 마감하고 해직교사로서 보낸 5년, 1994년 복직 이후 퇴직 때까지 25년. 교직 인생 35년 동안 교육운동에 삶을 다 바쳐 이른바 '활동가'로 살아왔다. 1984년 교단 출발에서 2018년 퇴직까지 35년을 교육개혁과 교육혁신을 위해 한길을 걸어온 셈이다. 매 순간마다 교육개혁에 대한 의지와 열정을 놓은 적이 없이 열심히 노력하며 살아왔다. 그러나 이제 와 되짚어보니 실패와 오류의 연속이었고, 교육을 바꾸는 데 무엇을 했는지 얼마나 도움이 되었는지 참으로 후회스럽고 부끄러울 뿐이다.

해직교사는 오로지 '투사'로서 '운동가'로서 '활동가'로서 살아갈 수밖에 없다. 교단에 있을 때보다 거리의 교사로서의 삶은 여유도 없고 숨 가쁘게 움직여야 했다. 심신은 지쳐가고 있으나 앞으로 돌진해야 하는 고단함의 연속이었다.

본부와 지회 사무실에서 '상근' 활동가로서 매월 15만 원의 활동비를 받으며 밤낮없이 살아야 했다. 해직둥이로 태어난 돌 지난 한빛을 가슴에 안고 우유병을 들고 사무실에 출근한 적도 많았다. 스스로 선택한 길이니 힘들고 고단해도 참을 수 있지만, 가족에게는 무슨 짓이란 말인가. 해직둥이 한빛과 다음 해 태어난 한솔과 아내에게는 미안하고 가혹한 일이었다. 해직교사로서 가족에게는 정말 못할 짓만 하고 살아온 것이다. 이보다 더 어렵게 살다가 가족이 풍비박산이 난 해직교사를 보면서 가슴이 무너져 내린 일을 수도 없이 겪어야 했다. 가족의 삶과 함께 할 수 없는 '활동가'의 삶을 이어가야 하는 한국 사회와 교육 현실이 어쩔 수 없노라고 탓하며 살아온 지금, 가족 앞에서는 너무 죄스럽고 미안할 뿐이다. 더구나 한빛이가 하늘나라로 떠나간 원인 중 하나는 아빠의 활동가로서의 삶이 크게 영향을 미쳤을 것이라는 생각에 씻을 수 없는 회한이 남는다. 죽을 때까지 벗어날 수 없는 업보가 되어 멍에로 남을 것이다.

교육민주화와 사회민주화운동의 여정

전교조는 당시 1,500여 명의 교사가 대량 해직된, 조직운동 중 최대의 조직으로 교육민주화운동뿐만 아니라 사회민주화운동의 중심이었다. 해직된 전교조 활동가는 민주화운동의 선봉대 역할을 감당해야 했다. 전국적인 민주화운동 조직인 '전국연합', '진보정당' 추진 등 시민사회운동의 많은 부분에 참여하거나 활동가로 파견되어 활동했다. 특히 지역의 지부와 지회 사무실, 전교조 상근 활동가는 지역의 사회민주화운동과 노동운동 등 지역사회 운동의 센터 역할을 해야 했다. 그러다 보니 활동의 고단함도 있었지만 책무의 중압감이 더욱 힘들었다.

해직 초기에는 지회와 교육선전국에서 활동하며 대학이나 노동조합, 시민단체에 가서 '전교조 설명회'를 하였다. 43회 정도 설명회를 다닌 것으로 기억된다. 각종 신문 잡지에 글을 써서 전교조를 결성하게 된 배경과 해직까지 갈 수밖에 없었던 이유를, 전교조가 꿈꾸었던 '참교육'을 실천하기 위한 것이라고 말글로 선전해야 했다. 추억으로 남은 것은 설명회나 집회 현장에서 제자를 만난 일이다. 한번은 나를 보자마자 뛰어와 "이용관 샘! 선생님은 전교조 할 줄 알았어요!" 하면서 마치 동지를 만난 것처럼 반가워하며 얼싸안고 기뻐하였다.

1989년 9월 전교조 지지 범국민대회를 마치고 대학생과 연대단체 활동가들이 종로에서 시위하던 중 세운상가에 올라가 대학생들이 만들어 온 화염병을 시위대를 침탈하려는 백골단을 향해 던진 경험을 할 정도로 분노했던 적도 있었다.

초기에는 열정과 사명감으로 해직교사들이 전교조 본부/지부/지회 사무실과 다른 운동단체 사무실에서 상근하면서 '활동가'로서 삶을 살아갔다. 그런데 전교조 합법화와 복직의 전망이 불투명해지면서 하나둘씩 활동을 그만두고 떠나가기 시작했다. 대부분은 생계 문제와 가족의 요구 때문이고 일부는 '활동가'로 살아가는 삶에 마음과 몸이 힘들어서 견디지 못하고 떠났다. 상근 활동가들도 몸과 마음은 갈수록 지쳐가고 생활고에 시달리고 힘들기는 마찬가지였다. 상근 활동을 하면서 학원 강사와 과외, 참고서 쓰기 등 아르바이트를 하는 이들도 있었다. 국어 교사 출신인 나는 지인의 배려로 과외와 학원 강의를 알바로 한 적이 있었는데 한두 달 하다가 그만두었다. 전교조가 추구하는 참교육과 입시 경쟁교육은 서로 배치되기 때문에 마음의 갈등을 이겨내기가 힘들어서였다. 해직교사 중에는 병고나 사고로 또 스스로 세상을 등진 분들도 나타나는 등 고통과 고난의 길을 감수해야 했다. 1994년 문민정부 때 복직하여 대다수가 현장으로 돌아가면서 5년여간의 고난과 역경의 시간이 끝났다.

그리던 교단으로 돌아오다

전교조는 1994년 3월 최소한의 인원과 채용 상근자만 남기고 해직교사 대다수가 현장으로 복귀하였다. 학교에서 참교육 실천활동을 통해 전교조 운동을 다시 일으켜 세우고자 전략적인 선택을 하였다. 나는 본부에 남아서 정책 일을 계속하자는 지도부의 간곡한 부탁을 뿌리치고 눈물을 머금고 현장으로 돌아갔다.

그런데 전교조 집행부의 활동가는 거의 현장 교사로 채워야 했다. 복직을 유예하라는 지도부의 만류를 뿌리치면서 매일 학교수업이 끝나면 사무실에 나와 상근할 때보다 더 열심히 일하겠다는 약속을 했기 때문에 정책연구국장 업무는 계속하게 되었다.

낮에는 학교에서 학생들을 교육하는 일에 밤에는 전교조에 출근해 활동하는 이중의 역할이 전교조 합법화가 이루어진 1999년까지 계속되었다. 마음은 해직 시절보다 편했지만, 몸이 고달프고 힘든 것은 더 심해졌다. 휴일이면 전국에서 모이는 회의나 집회, 각종 행사로 가족과 함께하는 시간은 점점 더 줄어들고 그러다 보니 소통도 어려워졌다.

1997년에서 1998년 전교조 합법화 투쟁기에는 현장 정책위원장으로서 개인적인 삶이나 가족과의 시간은 거의 낼 수 없었다. 밤낮으로 학교와 조직 일에 매달려야만 했는데, 급기야 같이 일하던 두 동지[10]가 병을 얻는 가슴 아픈 일도 있었다. 전교조 합법화를 위해 정권 교체와 합법화의 전망을 열기 위해 그야말로 죽기 살기로 싸워야 했던 시기의 활동가들은 그것을 당연한 책무로 알고 제 몸 돌보지 않고 살아왔다. 그 덕택에 전교조는 10년 만에 합법화를 쟁취했다. 그동안 몸이 망가져 세상을 뜨거나 살아 있어도 병으로 몸이 망가진 활동가가 다수 생겼다.

---

10. 김귀식 위원장 집행부에서 정책위원장이었던 시절에 함께 일한 사무처장 김현준 동지와 초등위원장 김덕일 동지가 암이 발병하여 끝내는 두 분 다 유명을 달리했다.

분노의 운동, 망가지는 몸

활동가로서 고단하게 살아가는 삶의 모습을 평생 봐왔기에 틈만 나면 '분노로 운동하면 몸만 망가진다'라는 말을 되새기며 살았지만, 그 분노는 좀처럼 극복하기 힘들었다. 노동가요 중에 '너희는 조금씩 갉아먹지만 한꺼번에 되찾으리라'라는 구절을 제일 싫어한다. 사회변혁과 교육개혁은 절대로 한꺼번에 되지 않고 조금씩 조금씩 이루어는 것을 체험하며 살아왔기 때문이다. 혁명기에는 분노가 필요할지 모르나 오늘날 같은 상황에서는 자기가 먼저 망가져 결국에는 무너져버리고 말리라는 것을 누구보다 잘 알게 된 것이다.

해직 초기에 1,500명이 서너 명씩 혹은 개인별로 팀을 짜서 교육이든 취미 분야든 책을 한 권씩 출판하자는 제안을 했는데, 엄중한 국면에 어찌 그리 한가하고 낭만적인 생각을 하느냐며 전교조는 이를 묵살하였다. 책 출판을 제안한 이유는 해직 기간에도 확실하게 자아성취의 목표를 가지고 노력해서 그 분야의 전문성을 쌓을 필요가 있고, 투쟁 사업에서 피폐해가는 마음과 분노를 다스리며 쉬엄쉬엄 멀리 보고 가자는 취지였다. 젊은 활동가를 보면 분노로 운동하지 말고 즐겁게 운동하는 방법을 찾으라고 입에 달고 다니면서 이야기했다. 1,500여 명이 해직되고 30여 년을 그 많은 활동가와 교사들이 분노하고 투쟁하고 싸우면서 운동을 해왔지만, 오늘날 우리 교육이 얼마나 나아졌는가! 물론 그만큼 투쟁했으니까 이만큼이라도 나아졌다고 할 수 있고 그 말이 맞을 수도 있겠지만, 그렇게 헌신하고 희생한 대가가 이 정도밖에 안 된다면 너무

허탈하지 않은가.

운동이 시대 상황과 흐름에 맞게 변화하지 않을 때 사라지고 마는 모습을 너무도 많이 경험했다. 노동운동과 교원노조운동은 분노와 투쟁 중심의 활동을 검토하고 시대 흐름에 맞게 자기 혁신을 해야 한다. 물론 모든 시기의 모든 운동에서 분노와 투쟁이 문제가 되는 것은 아니다. 때로는 강력하게 분노를 조직해 강고하게 싸울 때도 있어야 하고, 때로는 다양한 방법으로 유연하게 싸우는 것이 훨씬 더 많은 성과를 거둘 수도 있다. 유연한 전술과 강력한 투쟁은 둘 다 부정하거나 택일해야 하는 문제가 아니다. 시대적 변화와 상황에 맞게 운동 방식을 혁신하지 않으면 사라지거나 쇠퇴할 수밖에 없음을 직시해야 한다.

조직전환론과 내부 투쟁

전교조 운동은 때로는 철저하게 원칙을 지키며, 조직이 무거운 결단을 해야 할 때는 교육현장의 아이들을 가장 먼저 생각하며 판단을 해왔다. 1994년 김영삼 정권의 굴욕적인 복직 방침 때문에 조직이 내홍을 겪을 때도 해직교사의 자존심보다는 조직을 보위하고 교육운동의 전망을 세우고 현장을 개혁하기 위한 입장에서 복직 방침을 수용해야 한다고 생각했다. 그래서 동지들과 토론하고 설득하는 것을 주저하지 않았다.

1997년 전교조 합법화를 놓고 조직이 또다시 심각한 상황에 놓이게 되었다. 정책위원장으로서 냉철한 판단력이 필요한 시기에 합법화 전망을 모색하는 데 선봉에 서지 않을 수 없었다. 그동안 같은 입장에서 인간적인 관계로 가깝게 지냈음에도 불구하고, 노동조합으로 합법화 전망이 없으니 교원단체로 전환해야 한다는 동지들과 결연하게 논쟁하며 싸워야 했다. 인간적인 동지 관계 때문에 원칙을 포기할 수는 없었다. 참으로 외롭고 힘겨운 순간이었다. 결국은 원칙론을 고수하여 조직전환론을 극복하고 전교조 합법화를 이룰 수 있어서 다행이었다.

전교조 합법화와 첫 교섭

1999년도 합법화 1기 집행부에서도 계속 정책실장을 맡아 합법 조직의 기틀을 만드는 일과 첫 단체교섭을 진행했다. 처음 시작하는 교섭이라서 부담감이 컸지만 원칙과 유연성을 바탕으로 버텼다. 조직이 한 번도 가보지 않은 길을 개척하는 일은 쉽지 않았다.

교섭과 투쟁이 노조의 양축이기 때문에 이에 대한 전략과 전술을 어떻게 구사하느냐에 노조의 운명이 걸려 있었다. 그런데 정권이나 교육부와의 교섭과 투쟁은 원칙에서 흔들리지 않고 전략과 전술을 잘 조절하며 싸우면 되지만, 조직 내부의 의견이 다른 문제를 해결하는 것은 매우 어렵고 난감한 일이었다. 원칙론에 따라 하나의 입장을 정해 문제가 해결되더라도 진영 논리나 정파적 입장에서 쉽게 승복하지 않아서 분열되거나 상처만 남는 경우가 많았기 때문이다.

법외노조 갈등

살얼음판을 걷는 심정으로 전교조 운동을 이어오다가 결정적인 순간을 맞이하고 말았다. 박근혜 정부가 전교조 탄압책으로 해직자의 조합원 자격을 문제 삼아 규약을 개정하지 않으면 법외노조가 될 상황이 되었다. 2013년 전교조 집행부는 노조의 자존심 문제로 환원해 정부의 입장을 수용할 수 없다고 판단하게 된다.

학교현장에서 전교조가 처한 상황, 전교조 운동의 전망 등으로 볼 때 원칙론과 유연성을 발휘해 자존심보다는 실리를 취해야 한다고 앞장서서 수용론을 주장했다. 하지만 조직은 이러한 의견을 받아들이지 않고 법외노조의 길로 가기로 결정하고 말았다. 결과적으로 이 결정의 옳고 그름과 관계없이 가장 가까이에서 함께했던 동지들은 깊은 상처를 입게 되었고, 조직이 또다시 형극의 길로 가는 것을 지켜봐야 했다.

재편모임과 새 노조

전교조 운동을 시대에 맞게 변화시키고 복원하기 위해 2014년 '교육노동운동 재편모임'[11]을 조직하였다. 모임은 전교조에 조직 재편을 제안

---

11. 지방교육자치 시대에 맞게 시도별 조직과 급별, 교과별, 영역별로 전교조를 재편하고, 전국은 산별연맹체로 전환해서 교육노동운동을 재건하기 위해 '교육노동운동 재편모임'을 조직하여 김은형, 이용관이 공동대표를 맡았다.

하고 조합원 토론을 요구했지만 전교조는 이를 들어주지 않았다. 재편모임은 2014년 전교조 선거에 전교조 조직 재편을 공약으로 걸고 위원장과 서울지부장 후보[12]를 세워 선거에 참여하였으나 패배하였다.

재편모임은 2년간 준비 끝에 새 노조 건설을 추진하여 2016년 12월 8일 서울교사노동조합을 창립하였다. 연이어 전국중등교사노조, 전국사서교사노조, 광주교사노조, 전남전문상담교사노조, 경남교사노조를 창립하고, 2017년 12월 16일 교사노동조합연맹을 창립하게 된다. 이제 경기교사노조 창립준비위원회가 새 노조 창립을 준비하고 있다. 대부분 전교조 운동 방식에 비판적인 조합원이 전교조를 탈퇴하여 새 노조 창립을 주도하였다.

교육운동의 성찰

전교조 운동이 시대 변화에 맞는 운동 방식을 거부하고 투쟁 일변도의 활동과 사업을 고수하다가 현장과 괴리되고, 조합원이 점차 감소하는 가운데 법외노조를 자초하게 되었다. 지방교육자치의 변화로 정치 지형이 바뀌고 교사들의 요구가 다원화된 국면에서, 전국단일노조의 조직 형태로는 다양한 요구와 이해를 반영할 수 없으므로 다양한 형태의 교원노조와 교원단체의 분화는 필연적일 수밖에 없었다.

---

12. 위원장 후보 김은형/수석부위원장 후보 박근병, 서울지부장 현인철/수석부지부장 고정희.

또한 2016년 10월부터 시작된 촛불이 평화적인 방법으로 많은 시민과 함께 끈질기게 타올라 평화혁명으로 성공한 것처럼 운동이 시대적 변화의 국면에 있음을 잘 보여주고 있다. 진보운동과 교육운동 활동가로 살아온 사람으로서 자문해보건대 이러한 문제의식이 철저하게 실천으로 옮겨졌다고 자신하는 것은 아니다. 운동이 시대적 변화와 흐름에 맞게 변화하고 새롭게 혁신하는 일에 부족함이 없었는지를 자신부터 되돌아보고 성찰하지 않으면 안 될 시기가 왔다. 교육운동 활동가들은 자기로부터 혁신하면서, 미래를 내다보는 교육학적 안목을 가지고 미래 사회의 교육을 위한 전망을 열어가야 할 것이다.

4.
교육개혁 정책과의 씨름, 그 뒷이야기

교육정책에 바친 삶의 명암

교육운동을 시작한 이후 줄곧 교육정책 연구 개발에 주력하여, 나름 정책전문가 소리를 들으며 정책 분야에서 손을 떼지 않고 활동을 지속해왔다. 전교조 정책연구국장, 정책위원장, 정책실장, 참교육연구소 부소장과 소장, 한국교육연구소 연구위원, 한국교육연구네트워크 운영위원, 새로운학교네트워크 집행위원장, 교육개혁시민연대 정책위원장 등으로 일했고, 그 밖의 각종 교육 관련 단체에서 정책담당 업무를 맡아서 추진하였다. 퇴직 이후 교단 밖에서 교육운동을 하고자 추진하고 있는 '2030교육포럼'[13] 추진위원회에서도 정책을 맡고 있다.

정권 교체로 김대중 정부가 탄생하고 마침내 전교조가 합법화되었다.

---

13. 2030교육포럼추진위원회는 2018년 10월 창립을 목표로 하고 있다. 이는 새로운 교육체제 수립을 위해 교육운동의 '플랫폼' 역할을 하며, 미래 세대가 멀리 있는 것이 아니라 현재의 학생들이 사회로 나가는 2030년을 겨냥한 교육을, 늦었지만 지금부터라도 시작하자는 생각에서 출발하였다. OECD가 DeSeCo 프로젝트에서 2003년에 제시했던 미래 세대의 핵심역량 교육의 후속 단계로 추진하고 있는 2030 프로젝트에서 연유한 의미로 이러한 명칭을 붙였다.

1998년 합법 1기 전교조 정책실장을 맡게 되었다. 그때 중앙일보가 매년 선정하는 '한국을 움직이는 100대 인물' 중에 교육계는 2명이 선정되었는데, 그중 한 명으로 선정되기도 했다.

시대 상황에 맞게 교육 현안 해결과 새로운 교육 패러다임을 만들기 위해 노력하고 힘썼지만, 한국 교육의 흐름을 주도하는 기존 교육체제와 패러다임을 변화시키는 흐름을 만들기에는 한계가 있었다. 부분적으로는 개별 교육정책에 대응해서 성과를 내기도 했었지만.

전교조 교육대개혁안을 만들다

1992년 교육대개혁 투쟁 때 전교조 교육대개혁안을 마련하는 데 주도적인 역할을 하였다. 해방 이후 노태우 정권에 이르기까지 기득권 세력과 독재 권력의 교육 지배 이데올로기를 해체하고, 일본 식민지 교육체제의 청산 등 기존 교육체제를 해체하고, 민족·민주·인간화 교육과 민중적 이해를 반영하는 새로운 교육체제로 변화의 흐름을 만들어내고자 했으나 역부족이었다. 교육대개혁안은 지금까지도 진보 교육운동에서 교육정책의 기초 자료로 이어지고 있지만 제대로 실현된 것이 그리 많지 않다.

전교조 교육대개혁안은 1994년 문민정부 교육개혁위원회에서 중요한 참고 자료로 활용되었다.[14] 교육대개혁안에서 제시한 학교민주화의 기초인 교무회의 의결기구화, 학생회/교사회/학부모회 법제화는 아직도 해결되지 못했다. 학교자치의 선결적 조건을 전제로 하지 않은 채 학교운영위원회 구성안만 형식적 민주주의 형태로 수용하였다.[15]

정책활동가의 고뇌

진보적 교육운동 진영의 교육정책을 총괄하면서 교육개혁안을 마련하고 교육 패러다임을 바꾸기 위한 정책활동에 참여하였으나, 거세게 밀고 들어오는 신자유주의 교육의 흐름을 막을 수가 없었다. 결국 현재까지 우리 교육을 지배하는 5·31교육체제를 막아내지 못한 것이다. 그 후 진보적 교육운동 진영은 신자유주의 교육정책을 막아내기 위해 총력 대응을 했지만, 5·31교육체제는 더욱 공고해져 오늘날 경쟁교육체제의 뿌리가 되고 있다.

정부 정책에 대응하는 전략을 모색하는 정책팀의 활동이 5·31교육체제를 해소하지 못한 것은 역량의 한계 때문이기도 하지만, 정책적 판단과 전략적 오류에서 기인한 점도 크다. 7차 교육과정, 네이스, 교원평

---

14. 문민정부는 교육개혁을 추진하기 위해 교육개혁위원회를 설치하고, 1995년 소위 '5·31교육개혁안'을 발표하였다. 문민정부는 진보 진영도 참여하여 사회적 합의를 이끌어내려는 목적으로 전교조 추천으로 전교조 출신 이상선 교감 선생을 위원으로 선임했으나 진보 진영의 이해를 반영하기에는 명백한 한계가 있었다.
15. 학교운영위원회의 문제점을 짚는 토론회에서 김용일 교수는 학교운영위원회는 의사 민주주의로 포장된 신자유주의 교육정책의 아류에 불과하여 교장과 기득권 학부모의 이해를 절차적으로 정당화시키는 기구에 불과하다고 주장했다. 필자는 당시 절차적 민주주의와 단계론을 주장하며 개혁의 완성은 제도보다는 주체의 힘과 역량 관계에 있다며 수용론을 주장한 바 있다.

가제를 신자유주의 경쟁교육으로 규정하고 반대 투쟁에 힘을 쏟았지만, 이는 전교조가 국민적 지지와 신뢰를 잃어버리게 한 대표적인 정책투쟁 실패 사례였다. 설사 이러한 정책이 신자유주의 경쟁교육과 닿아 있다 치더라도, 시대적 흐름에 맞는 대안을 제시하지 못한 채 반대만 해서는 막아낼 수도 없을 뿐만 아니라 결과적으로 교육운동만 소진하는 전략적 오류와 한계였다고 할 수 있다.

교원정년 단축 딜레마

전교조 합법화 과정에서 이해찬 교육부장관이 교원정년 단축 방안을 주요 정책으로 들고 나왔다. 정책 담당자로서 정책의 취지와 배경에는 동의하지만, 교원들의 이해관계에서 볼 때 다수 교원이 반대할 수밖에 없는 정책이었으므로 교원노조라는 조직적 특성상 찬성할 수 없었다. 이런 상황에서 반대 입장을 견지하면서 미온적으로 대응하며 합법화 절차를 타고 넘은 것이다.

내부 정책투쟁-정권과의 정치투쟁

7차 교육과정, 네이스, 교원평가에 대한 반대 투쟁은 판단 오류로 인해 실패한 정책의 대표적인 사례다.[16] 전교조 집행부가 이것을 신자유주의 정책의 산물이라고 보고, 교원의 구조조정 정책이라는 판단을 내려 전면적인 반대 투쟁을 벌인 것은 잘못된 것이었다. 구조조정론과 효율성 논쟁에서 시대 변화를 반영하지 못한 채 무조건 구조조정론으로 몰아붙여 투쟁한 것은 정책적 판단의 오류였다. 물론 구조조정 의도가 전혀 없었다고 볼 수는 없지만, 대안적 정책을 제시하고 공격적으로 패러다임을 주도하는 정책 역량이 부족했던 한계가 있었음을 인정해야 한다.

학급당 학생 수 축소

교육운동이 전면화되기 시작한 1980년대 이후 진보적 교육운동의 교육 여건 개선 정책의 1순위는 '학급당 학생 수 25명 이하 감축'과 '거대 학교 해소'를 통한 콩나물 교실 해소였다. 그러한 정책적 이슈 중에서 완성된 것은 학급당 학생 수 감축이다. 물론 이 문제는 학생 수의 자연감소로 인해 저절로 해결된 것으로 볼 수도 있지만, 그냥 내버려두었으면 이루어지기 어려웠을 것이다. 정부의 효율성과 교육재정 부족론에 대응해 교육의 질 개선론을 앞세운 작은학교살리기운동, 농어촌학교 통폐합 저지투쟁, 혁신학교운동, 대안학교운동 등 지속적인 정책적 대안을 통해 실천적 운동을 전개하여 현재의 결과를 가져온 것이다. 교육과정 개

---

16. 이 정책이 나올 때는 본부 정책 단위, 즉 계선 집행부가 아닌 참교육연구소에서 활동했기 때문에 전면에 나서서 주도할 수 없는 위치에서 활동했다.

편과 교원평가제 정책 저지 투쟁에서도 정부가 내세운 교원의 전문성과 자질론을 논박할 때 학급당 학생 수 축소를 선결 과제로 제시하였다. 이 정책 이슈는 정부도 충분히 수용하고 단계적으로 접근하려 할 때 적극적 정책 의지를 촉구하며 정부와 정책 협의를 하였다. 한편으로는 혁신학교와 같은 대안적 실천운동을 전개하며 교육 여건 개선 투쟁을 하지 않았다면 정부의 효율성과 재정 부족을 핑계로 한 단계론과 학교 통폐합론에 포섭되어 표류했을 가능성도 있었다.

끝내 막지 못한 5·31교육체제

교육개혁을 위한 정책활동 과정에서 부분적으로 교육정책을 변화시키는 역할을 했지만, 근본적으로 5·31교육체제의 흐름을 바꾸지는 못했다. 교육개혁 투쟁에서 전략적 한계와 오류가 있었다. 5·31교육체제는 더욱 강화되고 우리 교육 전반에 공고하게 뿌리를 내리고 말았다. 교육정책을 담당했던 한 사람으로서 5·31교육체제를 극복하는 패러다임과 대안을 만들고 교육 담론을 제기하는 데 실패했음을 자인하지 않을 수 없다.

이제 촛불혁명의 요구를 담아 5·31교육체제를 극복하고 2030세대를 위한 새로운 교육체제를 수립해야 한다. 우리는 새로운 교육 패러다임을 주도할 수 있는 교육 담론을 만들어내야 한다는 시대적 요구에 직면해 있다.

5.

새로운학교운동과 혁신교육에 빠지다

5·31교육체제와 참교육 실천운동의 한계

새로운학교[17]운동과 혁신학교운동은 5·31교육체제 이후 새로운 교육 체제의 흐름을 형성하는 데 유일하게 성공한 교육개혁운동이라 할 수 있다. 촛불 이후 새로운 교육체제 수립을 위해 혁신교육이 대안적 교육 체제로 발전할 가능성이 있는 유일하게 실천적으로 검증된 운동이라 할 수 있기 때문이다. 5·31교육체제를 대체할 수 있는 흐름이 만들어지기 까지 시작부터 주도적으로 참여해 새로운학교운동과 혁신학교운동에 빠지게 된 이유가 바로 여기에 있다.

---

17. 새로운학교네트워크에서 '새로운학교'라는 의미는 지향하는 새로운 교육이 아직 완 성되지 않았으며, 앞으로 '한국형 새로운 교육을 지향한다'는 의미와 기존 교육 즉 '입시경쟁, 지식 암기, 강의 중심의 획일화된 산업사회형 교육을 혁신하고, 21세기 미 래의 창의적이고 다양한 능력과 공동체성을 겸비한 새로운 사회를 살아갈 핵심역량 을 기르는 교육으로 대체한다'는 의미가 결합된 용어로 사용하고 있다. 경기교육청이 나 일부에서는 '혁신학교'라고 하지만 거의 비슷한 개념이라고 할 수 있다. 따라서 '새 로운학교'는 일본의 '배움의 공동체'나 '프레네학교', '핀란드형 통합교육'과 같이 교육 이념과 내용 및 방법을 담고 있는 한국형 새로운학교 모델을 찾는 과정에서 나온 과 도기적인 개념이라고 할 수 있다.

노무현 정부 아래서 교원평가 투쟁으로 전교조의 투쟁 동력이 소진되었고, 그 이후 계속 정권과의 대립 전선을 치고 투쟁에 치중하다가 전교조와 교육현장은 침체 상태에 빠지기 시작했다. 그러다 교육개혁다운 개혁을 실행하지 못한 채 보수 회귀의 이명박 정권이 등장하자 전교조는 또다시 위기국면을 맞게 되었다.

전교조의 위기를 돌파할 전략과 정책을 고민하던 차에 전교조는 제2 참교육운동의 길로 들어섰다. 이를 통해 다시 현장에서 학교개혁을 일으켜 위기와 침체를 극복하고 도약하기 위해 학교개혁운동을 중심 전략으로 세웠다.

새로운학교운동 – 새로운학교네트워크 창립

학교개혁운동을 어떻게 해나갈 것인가. 수많은 고민 끝에 그동안 참교육 실천운동이 개별 교사의 고립 분산적인 방식으로 이루어지면서 교육의 질적 발전으로 연결되지 못했으며, 결국 학교는 변하지 않았다는 결론에 이르렀다. 그래서 학교를 통째로 바꾸지 않으면 교육이 바뀌지 않는다는 것을 깨달았고, 참교육 실천운동의 한계를 극복하는 학교개혁운동의 필요성이 제기되었다. 학교를 재구조화하기 위한 새로운학교운동은 이렇게 시작하게 되었다. 학교혁신의 구체적인 내용과 방법으로 질적인 도약을 준비하기 위해 전국적인 네트워크를 만들 필요성이 대두되었다. 2005년부터 폐교 직전에 있는 남한산초등학교를 재구조화하여 학교 재구조화에 성공한 사례와 작은학교 살리기운동과 2007년부터 시작된 교장공모제 학교 사례 등 그동안 개별적이고 고립 분산적인 개별학교와 활동가들의 참교육 실천활동을 토대로 새로운학교운동은 시작되었다. 이러한 사례를 모아내고, 소통과 협력의 네트워크를 구축하고 소통체제를 만들 필요성에 공감하여 2008년부터 준비모임을 시작해 2009년 '새로운학교네트워크준비위원회'를 창립하였다.

경기도교육감 재선거에서 진보 교육감이 혁신학교[18](경기도교육청에서 추진하는 새로운학교) 정책을 핵심 공약으로 내세워 당선되면서 새로운학교운동은 탄력을 받게 되었다. 새로운학교네트워크를 추진하는 15개 지역 모임이 만들어지는 등 새로운학교운동에 대한 교사들의 요구가 분출되었다. 새로운학교에 대한 교사와 지역사회의 요구가 증폭되는 현실에서 지역별, 학교 간 네트워크를 강화하고 중앙의 허브 역량을 구축하는 것이 매우 중요해졌다. 2010년에 새로운학교네트워크가 정식으로 창립됨으로써 새로운학교운동의 허브 역할을 할 수 있었다. 2010년 교육감 선거에서는 서울, 경기, 광주, 강원, 전남, 전북의 6개 지역, 2014년에는 대구, 경북, 울산, 대전을 제외한 13개 지역, 2018년에는 대구, 경북, 대전을 제외한 14개 지역으로 확대되어 혁신학교를 핵심 공약으로 내세운 후보들이 모두 당선되면서 새로운학교운동이 비약적으로 발전하게 되었다. 이후 문재인 대통령이 혁신학교 전국 확산을 공약했기 때문에 이제 혁신학교는 학교개혁의 중심 아이콘으로 떠오르게 되었다.

---

18. 2009년 경기교육감 선거에서 김상곤 교육감이 핵심 공약 '무상급식'과 '혁신학교'를 내세우고 당선되어 경기교육청 핵심 사업으로 추진되었다.

공교육 개혁의 꿈-혁신학교

새로운학교운동은 학교를 재구조화하고 수업혁신의 새로운 패러다임을 만들었다. 실험학교나 대안학교와는 다른 공교육에서 대안적인 새로운 교육 모형과 새로운학교 상을 만들고 있다. 새로운학교가 지향하는 학교개혁의 핵심축인 교육철학과 교육 목표의 재구성, 학교운영체제의 민주화와 재구조화, 교육과정의 재구조화, 학교 시설 환경과 교육 여건의 재구조화, 지역사회와 공동체적 네트워크 구축을 시도하였다. 궁극적으로 학교개혁은 수업혁신으로 나타나기 때문에 수업혁신에 집중하기 시작하였다. 교육과정과 수업혁신을 통해 지적 성취, 창의성, 공동체성 등 다양한 능력과 잠재적 능력을 포괄하는 학력과 성취도 개념을 실천적으로 보여주고 거점학교를 구축하였다. 교육 3주체인 교사, 학생, 학부모가 서로 협력적 관계를 만들고, 교원 동료 간, 학생 상호 간, 학부모 상호 간 협력적 문화를 만들며 상호작용을 통해 서로 협력 체제를 구축하고, 상호 간의 합의를 최대한 중시하고 신뢰의 문화를 만들어 '학교문화'를 바꾸는 운동이다. 새로운학교의 모형은 2009년 새로운학교네트워크준비위원회 집행위원장으로 활동하면서 각종 활동가 연수와 토론회에서 발제하거나 토론한 내용을 다음과 같이 '새로운학교의 방향과 과제'[19]로 정리한 것이다.

---

19. 이용관(2010), 「새로운학교운동의 현황과 과제」, 『핀란드 교육개혁 보고서』, 한울림, 293~309쪽.

1) 교육철학과 교육 목표의 재구성

• 국가 교육 목표: 복지사회 실현

- 교육을 복지로 보고, 국가 책임 아래 학교를 아이들의 생활복지 공간으로, 아이들의 재능을 계발하는 교육 공간으로 만들어감. 궁극적으로 무상교육 실현

⇒ 학습과 돌봄을 지원하는 학교

  * 전교조의 참교육은 '국가 책임의 질 높은 공교육'을 요구해왔음.
  * 이명박 정부의 신자유주의 교육정책은 국가의 교육 책임을 축소하려는 정책이라는 점에서 국정 철학에서 상반된 지향을 보이고 있음.

• 교육철학과 교육원리: 공동체주의

- 통합성: 구성원을 차별하지 않고 공평하게 존중함

→ 성적이나 인종, 지역, 성, 계층 등에 따라 선별하지 않고 통합학교, 통합학급

- 협력성: 구성원 간 상호 협력에 의해 교육을 실현함

→ 서로 존중하며 함께 배우고 성장하는 협력적 교수학습과정

- 개별화: 개개인을 존중하고 배려하는 교육을 구현함

→ 모든 학생에게 배움이 실현되는 개별화 교육과정, 학습의 다양화

⇒ 모두에게 학습이 있는 배움의 공동체

  * 전교조의 참교육은 '더불어 함께 살아가는 학교'를 표방해왔음.

* 이명박 정부의 신자유주의 학교정책은 '경쟁'을 통한 '선별'에 의한 엘리트 교육, 성적 비교를 위한 '획일'적 교육과 평가를 기본 원리로 한다는 점에서 위 교육철학과 상반된 모습임.

• 교육 목표: 모두의 수월성 실현
- 모든 학생의 다양한 잠재적 능력 계발
- 지적·신체적·정서적·사회적 능력 발달
- 특히 기초 학력, 창의성, 소통 능력, 인성 개발 중시
⇒ 학생 개개인의 개성, 인성, 창의성을 키워주는 학교
   * 전교조의 참교육은 "개개인의 정신과 육체에 깃들어 있는 생명력을 창조적으로 키우고 발휘할 수 있게 하는 교육"을 표방해왔음.
   * 이명박 정부의 학교정책은 '소수의 지적 수월성 실현'을 실제적 교육 목표로 하고 있음.

• 학교정책: 지역사회와 함께하는 통합교육과 공동체 학교
- 지역사회에 적극적으로 기여하는 열린 학교
- 성적, 인종 등에 의해 선별하지 않는 통합학교로서 학교교육과정의 다양화, 특성화
   * 전교조의 참교육은 평준화 정책을 지지해왔듯 통합학교를 지향해왔음.
   * 특목고, 자율형 자립학교 등 이명박 정부의 학교정책은 '학력 수준에 의한 선별'에 학교 차별화를 '다양화'라 하며, 학생과 학부

모의 '학교선택권'을 강조한다. 그러나 참교육이 지향하는 통합
학교는 학교 내 교육과정과 학습과정의 다양화를 지향하며, 학
교선택권이 아닌 학생의 '학습선택권'을 중시한다.

2) 학교운영체제의 재구조화

• 학교 운영: 구성원의 참여와 소통으로 운영되도록 재구조화
- 관료주의 관행을 혁신하고 구성원의 자발적 참여에 의해 운영되는
  학교
- 교사들이 서로 배우고 나누며, 상호 협력에 의해 교육과정을 구성
  하는 학교
- 학생 자치가 실현되고, 학생이 주체적으로 참여하는 교육과정 운영
⇒ 교육 주체에 의한 아래로부터의 실질적 교육혁신을 지향함
  * 전교조는 교사, 학생, 학부모가 참여하는 학교자치를 주장해왔음.
  * 이명박 정부의 학교정책은 학교장의 권한만 강화한다는 점에서
    학교 운영 주체를 학교장으로 보는 관료주의이며, 학교개혁도 학
    교장에 의존하는 관료주의 방식으로 추진하고 있다. 이는 필연
    적으로 실패할 수밖에 없다.

• 학교행정: 교육-학습 지원 중심으로 학교행정체제 민주화와 재구
  조화
- 가르치고 배우는 활동을 부차적인 것으로 만드는 행정 중심의 학

교문화 개조

- 잡무를 과감히 없애는 등 학교에 만연한 형식주의 제거
- 교원의 자발성, 창의성, 잠재역량을 충분히 발휘할 수 있는 학교문화 형성

  * 점수 중심의 현행 승진제도와 학교장 중심의 학교운영체제에서는 행정 중심의 학교 운영이 필연적이다.

- 학교 환경: 환경과 시설, 공간을 새로운 교육에 맞는 환경과 시설로 재구조화
- 새로운 교육에 맞는 학교 시설 공간의 재구조화
- 지속가능한 생태적 감수성을 기르고, 건강하고 안전하게 활동할 수 있는 공간 등 생태적 공간으로 재구조화
- 교과 교실, 특별 교실, 학생 자치 활동 공간, 정보와 소통체제 등 학생들의 다양한 활동과 창의성 계발을 위한 교육활동이 가능한 공간으로 재구조화

3) 교육과정의 재구조화

- 새로운학교가 추구하는 학교교육과 교육과정의 원리
- 모든 학생이 다양한 교육과정과 교육적 경험에 접근할 수 있는 기회를 제공한다.
- 교수-학습활동, 학생 및 학부모 상담활동에 더 많은 열정을 쏟는

학교문화를 만든다.

- 미래 사회를 준비하고, 학생의 다양한 능력을 계발하기 위하여 학생이 참여하는 수업, 체험하는 수업을 활성화한다.
- 기초학력 미달자와 소외 계층 자녀를 위한 학습 지도 및 방과후활동에 더 능동적으로 참여한다.
- 가르치고 배우는 활동을 부차적인 것으로 만드는 행정 중심의 학교문화를 바꾸려고 노력한다. 학교에 만연한 형식주의를 제거하기 위해 노력한다.
- 교원의 자발성, 창의성, 잠재역량을 충분히 발휘할 수 있는 학교문화를 만든다.
- 교실을 개방하고, 전문능력 향상을 위해 수업활동을 공유하고, 자율 연수 및 교사 간 협력 네트워크를 통한 학교 공동체 문화를 만든다.
- 학생을 교육하는 활동과 관련하여 지역사회에 능동적으로 참여한다.
- 학생 활동 중심 교육과정: 과정형/맞춤형/참여형의 협력학습으로 재구조화
  - 과정형 교육과정: 교육과정 자체가 학습을 실현하는 과정이 되도록 교육과정 재구성
  - 맞춤형 교육과정: 개개인에 대한 개별화 지도가 가능하도록 교육과정 재구성
  - 참여형 교육과정: 학생 참여와 자기주도적 학습이 가능하도록 교육

과정 재구성

* 현재 학교교육과정은 시험으로 성적을 평가하고 기록하는 결과 중심의 '진도형 교육과정'으로, 과정에서 낙오하는 학생에 대한 배려와 대책이 없으며, 성적 수준으로 학생을 등급화해 지도하는 '수준별 교육과정'으로서 개개인에 대한 배려가 없는 획일적 교육과정이다.

• 기초학력 향상 교육과정 운영

현재의 학교교육과정은 기초학력 미달자에 대한 대책이 사실상 전무하다. 방과후학교를 통한 보충학습 등을 통한 책임지도 등의 대책을 내놓고 있으나 '열등반'에 대한 심리적 거부감이 보편화된 현실에서 성과를 거두리라 보기 어렵다.

기초학력 미달자가 나오지 않게 하는 근본적인 방안은 교육과정을 위와 같이 과정형, 맞춤형, 참여형으로 재구조화하는 것이다. 즉 교수-학습과정에서 개인별 학습 목표가 제시되고 학생이 능동적으로 참여하는 가운데 학습 목표를 달성하는 과정이 조직되도록 교육과정을 운영해야만 기초학력 미달자가 양산되지 않는다.

지금과 같이 개인의 도달 여부와 관련 없이 일제히 진도를 나가며 평가하고 끝내는 교육과정으로는 기초학력 미달자의 학력 미달은 시간이 지날수록 계속 누적되어 사실상 구제 불능 상태에 이르게 될 수밖에 없다. 이런 교육과정을 바꾸는 교육관의 혁명이 필요하다.

현실적으로 기초학력 미달자를 없애려면 다음과 같은 대책이 세워져야 한다.

첫째, 초등학교 저학년의 말하기 읽기 쓰기 셈하기 등 기초교육이 강화되어야 한다.

둘째, 기초학력 미달자의 학습부진 원인을 진단하고 처방하기 위한 상담활동을 강화하여 학생들의 학습 참여 욕구를 높이는 방안을 강구해야 한다. 이를 위한 전문적 인력을 지원해야 한다.

셋째, 기초학력 미달자의 개인 여건에 맞는 맞춤형 지도가 구체적으로 이루어져야 하며, 이를 위한 배려와 지원이 이루어져야 한다.

• 개별화 지도와 자기주도적 협력학습

과정형, 맞춤형, 참여형 교육과정을 실현해가기 위해서는 학생 개개인 수준에서 학생들이 자기 목표를 갖고 자기주도적으로 학습해가게 하는 개별화 지도가 필수적이며, 교사의 지도만으로는 이를 교실에서 실현해가기 어려운바, 학생들이 서로 가르치고 배우는 협력학습을 통해 이 교육원리를 구현해가도록 한다.

이는 학생들의 주체성과 상호 소통 능력을 배양하는 과정이며, 창의성을 높이는 과정이기도 하다.

• 통합학습과 다양화 교육

성적 차이, 부모의 사회·경제적 차이, 성, 인종의 차이를 상관하지 않고 보통 아이들과 특수아동 통합교육을 통해 더불어 공부하고, 그 속에서 다양성을 인정하고 발전시키는 교육, 핀란드의 경우는 학년 간 통합교육도 실시하고 있다.

4) 지역사회/학부모와의 소통과 네트워크

• 교육 3주체가 자발적으로 참여하는 배움의 공동체 학교

학교운영위원회와 형식적인 학부모회를 실질적인 소통 기구로 만들고 학생회, 교무회의, 학부모회를 실질적으로 활성화하여 구성원이 합의하는 학교 상을 만들고 실천한다.

• 교사/학생/학부모의 3자 대화와 진로지도

매 학기 1~2회 정도 학생/학부모/교사가 참여하는 3자 대화 시간을 갖고 학습문제, 가정문제, 학교활동문제, 진로문제 등에 대해 대화하고 공동 탐색하며 해결책을 찾는다.

• 지역사회와 연계한 공동체 학교

지역사회 문화센터로서 주민과 함께하는 각종 문화 프로그램 운영. 학교 교육활동에 지역사회 인적/물적 자원을 활용하여 지역 실정에 맞는 교육과정을 운영한다.

• 교무회의/학생회의 자치의 활성화

교무회의를 실질적으로 의결기구화하여 운영(광주 치평중 사례 참고)하여 교직원이 자발성을 최대한 발휘하고, 수업연구 활동을 통해 동료성

을 극대화하여 창의적인 교육과정 구상과 실현으로 교사를 주체로 세운다.

학생회도 학생들의 자치 활동이나 인권활동을 최대한 할 수 있도록 모든 권한을 위임하고 학생의 두발과 복장 등 모든 것을 학생들이 결정할 권리를 주고, 권리와 책임을 확실하게 주어 학생자치를 완전하게 실시하도록 한다. 학생들이 학교교육과정 운영과 편성에도 참여하고, 학교의 모든 행사나 프로그램 운영에 기획 단계부터 집행 등 모든 과정에서 학생이 중심이 되게 한다(경남 거창고 사례 참고[20]).

5) 학교 시설 환경과 교육 여건의 재구조화

• 학교 시설의 재구조화

새로운학교는 학교에서 추구하는 교육 목적, 내용, 방법에 맞게 학교 건물과 시설을 재구조화해야 한다. 획일적인 학교 건물과 시설에서는 획일적인 내용과 방법으로 교육이 이루어질 수밖에 없다.

• 학교 환경과 시설의 생태적 구상

학교 환경과 시설을 생태적 마인드로 구상하여, 산업사회의 교도소형 학교에서 벗어나 미래 사회의 지속가능한 생태적 공간에서 창의성, 다양

---

20. 경남 거창고등학교는 행사나 축제를 대부분 학생자치회에서 기획, 준비, 진행하고 교사는 지원하는 시스템이다. 축제 후 평가와 시상도 학생회가 주관하고 학생회장이 시상하며, 교장 선생님은 학생들과 함께 참여하는 한 명의 구성원이다.

성, 특수성을 학습하고 습득할 수 있는 공간으로 만들어야 한다.

• 교육 지원 인적/물적 여건 마련

학교 행정실과 지원 역량을 대폭 강화하여야 한다. 비정규직 중심의 육성회직 기능 인력은 전기/설비/조경/정보화장비관리/경비 등 전문성을 갖춘 인원으로 대폭 증원하고 정규직화해서 전문성을 발휘하여 안정적인 교육 지원이 가능하게 한다.

• 교원 업무를 경감하고 수업 연구에 전념할 여건 마련

교원은 가르치고 수업 연구에만 전념하도록 교과 중심의 교원과 전문 영역 교원을 대폭 확대해야 한다. 생활지도 전문 상담가, 학교폭력문제 상담 및 치료 전문가, 사서교사, ADHD 등 행동 치료 전문가, 소외계층 맞춤형 학습지도 전문가, 생활복지사, 진로설계 전문가 등 특수교육 지원 교사로서 다양한 활동을 하면서 교과교사와 협력 체제를 유지한다.

새로운학교네트워크에서는 이때 제시한 '새로운학교의 방향과 과제'를 토대로 매뉴얼을 만들어 제공하였다. 이를 2009년 경기도를 시작으로 이후 2010년 진보 교육감이 당선된 6개 지역에서 혁신학교의 기본 방향과 모형으로 활용하였다. 이 기본 방향을 기초로 지역과 학교 여건에 맞게 재구성하여 혁신학교를 지정하고, 혁신학교 운영 모형으로 활용하면서 혁신학교 운영이 시작된 것이다.

혁신학교의 확산

2009년 경기도를 시작으로 2010년과 2014년 교육감 선거에서 당선된 진보 교육감 지역을 중심으로 지난 10년간 혁신학교는 1,300여 학교로 늘어나면서 전국적으로 확산되었다.

2018년 6월 13일 교육감 선거에서 또다시 14개 시도에서 진보 교육감이 당선되었다. 이에 새로운학교네트워크는 전국 지역모임 대표 활동가 워크숍[21]을 열어 혁신교육 3기[22]를 준비하기 위해 새로운학교운동의 방향, 새로운학교운동의 성과와 정착 및 강화 방안, 지역의 새로운학교운동의 전략과 방안을 논의하고 공유하였다. 혁신학교의 성공 요인은 학교장의 리더십, 중견 교사의 리더십, 교사들의 전문성이라 보고, 지역에서 혁신학교 확대를 위해 교원들의 성장을 위한 방안과 대책을 심도 있게 논의했다. 2018년 시행령 개정으로 내부형 교장공모제에 혁신학교 교장으로 새로운학교운동의 활동가들이 진출하기 위한 논의가 활발하게 진행되고, 혁신교육 3기를 대비한 논의는 새롭게 확대된 지평으로 분위기가 고조되었으며, 새로운학교운동의 중핵인 지역모임 리더들의 열기가 넘치는 워크숍이었다.

혁신학교운동은 거점학교를 만들고 혁신학교를 확산하는 1차적인 목

---

21. 2018년 6월 23~24일 천안 상록리조트 컨벤션센터에서 전국 지역 모임 대표자 5~6명씩(각 지역 모임의 교사, 교장, 장학사) 80여 명이 참가하여 '혁신교육 3.0 새로운학교네트워크의 활동 방향과 역할'을 주제로 진행되었다.
22. 새로운학교네트워크는 혁신교육 1~3기를 다음과 같이 나눈다. 2010-2014년 혁신교육 1기, 2014-2018년 혁신교육 2기, 2018-2022년 혁신교육 3기.

표에 머무르지 않는다. 혁신교육 3기에서는 혁신학교의 혁신교육을 일반학교로 확산하는 2차적인 목표가 중요한 과제로 대두되고 있다. 2기에서도 혁신교육 확산을 내세웠지만, 성과가 흡족하지 못했다. 따라서 혁신교육의 전국 확산을 공약한 문재인 정부라는 최적의 조건[23] 속에서 5·31교육체제를 극복하고 새로운 교육체제의 대안으로 혁신학교 확대에 총력을 기울여야 한다고 논의가 모아졌다. 이러한 새로운학교운동 활동가들의 발 빠른 대응이 낙관적인 분위기와 밝은 전망을 만들어내고 있다.

---

23. 혁신교육 1기와 2기, 이명박/박근혜 정권 아래서 진보 교육감과 전교조가 추진하는 교육이라는 이념적 적대감으로 교육부와 정권은 혁신학교에 부정적인 입장이어서 끊임없이 견제하고 막았다. 진보 교육감 정책에 대해서도 교육부는 제지하고 규제하는 행정명령을 내리고 이를 이행하지 않으면 사법 당국에 고발하는 등, 진보 교육감과 대립하였던 시기였다. 문재인 정부는 진보 교육감 출신 김상곤 교육부장관을 임명하여 진보 교육감과 코드가 맞을 수 있는 시기에 혁신교육 3기가 시작된 것이다.

6.
실천교육학과 교육 실천의 접맥을 위해

실천교육학운동과 함께

1990년 일본 전일본교직원조합(전교) 초청으로 와카야마시에서 열린 전국 연구대회에 참석했다.[24] 일본에서는 교육 연구자인 교수들과 교사들이 서로 소통하고 결합한 연구 활동이 활발하게 이루어지고 있어, 놀랍기도 하고 부럽기도 했다. 일본의 사범대 및 교육대 교수들은 교육현장의 교사들과 공동 연구 활동을 활발하게 전개하며, 이러한 연구 활동을 하지 않고 현장을 떠나 강단에서 이론 연구와 강의만 하는 교수는 인정받지 못한다고 한다.

또한 2002년 도쿄에서 열린 일본교직원조합(일교조) 연구대회에 참석[25]했을 때도 교육 연구자와 교사들이 공동 연구 활동을 하는 것을 보고, 한국에서도 교육 연구자와 교사들이 결합된 실천교육학 운동이 절실하다고 생각했다.

---

24. 한국교육연구소 임원이던 이규환 교수, 송병순 교수, 심성보 교수, 이용관 교사가 참가하였다.

실천교육학과 실천가의 만남-한국교육연구네트워크 창립

실천적인 교육 이념과 방향을 모색하고 교육현장에 기반을 둔 교육정책을 연구하며 교육 실천활동과 접맥하기 위해 2004년 교육 연구자와 현장 교사들이 '한국교육연구네트워크'를 창립하여 실천교육학 연구공동체[26]를 만들었다. 이후 연구자와 교사들이 결합하여 실천적 연구와 현장 기반 연구 활동을 활발하게 전개해왔다.

한국교육연구네트워크는 창립 이후 연구자와 교사가 결합하여 교육기관이나 교육단체의 연구 프로젝트, 공동 연구 결과의 출판, 세계의 진보적 교육 관련 서적 번역 같은 연구활동과 교육정책 현안에 대한 토론회, 학술대회, 세미나 등 교육 담론을 생산하는 활동을 꾸준히 전개하여 교육운동에 매우 중요한 역할을 하고 있다. 한국교육연구네트워크에서 활동하는 연구자들은 진보 교육감의 진출 이후 교육청의 정책 프로젝트에 교사들과 함께 참여하고 교육청의 각종 정책기구와 위원회에 참여하여 정책 추진과 자문 활동을 활발히 하고 있다. 또 교육청 산하기구인 연구원과 연수원 등에 선임되어 교육행정에 직접 참여하기도 했다.

---

25. 전교조가 합법화되고 나서 그동안 참교육 실천활동을 체계화하고 기본 활동으로 정착하기 위해 참교육 실천대회를 구상하던 전교조 참교육 실천위원장 한상훈과 참교육연구소 부소장으로 근무하던 필자가 일본어 교사였던 신현수 교사와 함께 3명이 2002년 도쿄에서 열린 일교조 연구대회를 참관하였다.

26. 진보적 교육학자 김용일 한국해양대 교수가 주도하여, 교육학자는 성열관(경희대 교수), 성기선(가톨릭대 교수), 이윤미(홍익대 교수), 강명숙(배재대 교수) 등이 중심이되고, 현장 교사는 이용관, 한만중이 중심이 되어 진보적 교육학 학술공동체인 '한국교육연구네트워크'가 창립되었다.

실천교육학과 현장 실천활동의 접맥을 위해

2004년, 필자는 대학원 박사과정에 진학했다. 교육학 연구자와 현장 교사의 더욱 밀착된 연구와 접맥을 위해 교육사회학을 전공했다. 교육학에 좀 더 체계적으로 접근하여 실천교육학 운동의 지평을 넓히기 위한 선택이었다. 연구자와 교사의 가교 역할을 더 적극적으로 하겠다는 다짐도 있었다. 실천교육학에 관심 있는 연구자들, 연구자와 현장 교사, 연구자와 정책 전문가를 연결하여 공동 작업을 하고 서로 협력할 수 있는 네트워크 활동이 절실하고 매우 중요하다고 판단하여 실천교육학 운동에 적극적으로 참여했다. 성과도 많았지만 여전히 미흡했고, 교육학 연구와 현장 실천운동이 분리된 현실을 극복하기에는 더 많은 노력과 실천활동이 필요했다.

또한 대학의 예비교사 양성교육에 현장 실천활동을 접맥하기 위해 중앙대학교 사범대학, 중앙대학교 교육대학원, 한신대학교 교육대학원에서 교육사회학, 교과교육론, 교사론, 교육법 연구 강의를 맡아 현장 교사와 예비교사들에게 실천교육학을 강의했다. 사범대 예비교사와 교육대학원 현장 교사들은 대학 강단에 전념하는 교수들만 접하다가 현장 교사의 실천교육학을 만나고는 매우 색다른 경험이라며 호의적인 반응을 보였다. 이는 우리 교육학이 교육현장과 분리되어 있는 안타까운 현실을 보여주는 것이다. 교육대학원에 다니는 교사들은 승진을 위한 연구 점수가 목표이기 때문에 적당히 공부해서 학점 따기에만 몰두할 뿐, 실천교육학적 지평을 넓히고 이를 현장의 교육에 접맥하는 데는 관심이 없다. 교육대학원에 다니는 예비교사, 사범대 학생들은 임용고사에만 신경을 쓸 수밖에 없어 실천교육학에 크게 관심이 없었다. 학생들은 임용고사 시험을 치른 후에야 실천교육학이 매우 도움이 되었으며, 교단에 나갔을 때도 직접적인 도움이 된다는 것을 느끼게 되었다. 양성과정, 정책연구, 정책 개발, 실천활동 등 모든 분야에서 연구와 현장이 분리되어 있다. 이러한 분리된 사회에서 양쪽에 관계하고 있는 필자로서는 현재의 상황을 극복하는 데 남다른 열정과 관심을 가질 수밖에 없었다.

필자는 이러한 분리 현상을 당연한 것으로 받아들이는 연구자와 현장 교사들 사이에서도 실천교육학운동을 놓지 않고 살아왔다. 연구자들에게는 여전히 현장 교사로만 여겨지고, 현장 교사들에게는 '교육학 교수 같은 소리'만 하고 있다는 핀잔을 듣지만, 언젠가는 극복될 날이 오리라는 신념과 실천교육학 운동은 계속되어야 한다는 믿음엔 변함이 없다.

북유럽 교육 탐방

참교육연구소 소장으로 활동하던 2009년, 스웨덴에서 연구활동을 하던 안승문과 함께 '북유럽교육탐방단'을 모집하여 스웨덴과 핀란드의 유·초·중·고 교육현장과 대학 및 교육기관을 탐방하였다. 탐방단은 유·초·중·고 교사, 교육학 교수, 시민사회 활동가로 구성되었다. 이렇게 구성한 이유는 교사, 교수, 시민사회 활동가가 결합하여 한국 교육문제를 함께 풀어가려면 파트너십이 필요하다고 여겼기 때문이다.

탐방단은 교육기관을 방문하여 교육현장을 둘러보고, 관계자들과 간담회와 토론회를 하며 더욱 친밀해졌다. 귀국 후 탐방보고회와 토론회를 열었고, 필자와 안승문이 출판사와 함께 기획하여 『핀란드 교육혁명』[27]을 출간하게 되었다. 이후 핀란드 교육의 통합교육이 혁신학교운동과 학교개혁운동에 반영되기도 하였다.

---

27. 한국교육연구네트워크 엮음(2009), 『핀란드 교육혁명』(한국교육연구네트워크 총서 1), 살림터.

7.
교육시민사회와 함께한 세월

교육시민운동의 시작

1980년대 교사운동이 중심이 되어 전교조를 결성한 이후, 교육운동은 학부모운동과 시민사회운동으로 확장되면서 지평이 넓어졌다. 청소년 교육운동도 점차 자리를 잡아가고 있다.

1989년 하반기에 전교조 탄압 저지를 위한 공동대책위원회가 만들어지면서 시민사회는 전교조 운동을 엄호하기 위한 활동을 시작으로 점차 교육운동으로 발전 경로를 밟아왔다. 먼저 조직된 것은 '해직교사후원회'인데, 해직교사를 후원하기 위해 시민사회가 후원회원을 모집하면서 연대운동의 방안으로 시작되었다. 필자는 해직교사서울후원회에서 출판한 『빛은 어둠을 이긴다』[28]에 「참교육 실현을 위한 열정으로」라는 글을 게재하면서 시민사회의 교육운동과 관계를 맺기 시작했다. 이후

---

28. 해직교사서울후원회 편(1991), 『빛은 어둠을 이긴다』, 풀빛.

시민사회와의 연대 활동에 참여하고 연대조직에서 직책과 역할을 맡아 시민사회의 교육운동을 함께하게 되었다.

해직교사 후원모임에서 학부모운동으로

해직교사후원회는 활동을 해나가며 점차 전교조를 지지하고 돕는 차원을 벗어나 독자적인 학부모운동이 필요하다는 인식을 하게 되었고, 이를 토대로 1989년 9월 22일 '참교육을 위한 전국학부모회'를 창립하였다. 창립 선언문에는 전교조를 엄호하고 참교육을 실현하고자 하는 1차적인 요구와 함께 참교육 실현을 통해 아이들을 행복하게 하려는 학부모의 결의를 밝히고 있다.[29] 창립 이후 전교조 합법화 이전까지는 전교조 합법화와 교육개혁을 요구하는 학부모운동으로 자리를 잡아 갔으며, 전교조 합법화 후에는 전교조 지지 운동에서 벗어나 독자적인 학부모운동을 확립하게 된다. 교육운동 연대 활동에서 전교조와 대등하게 중심축으로 활동하며, 때로는 전교조와 이해와 요구가 대립되기도 한다. 대표적인 사안으로 '교원평가제' 도입을 놓고 서로 이해가 충돌하였다. 당시 전교조 집행부는 전교조와 입장을 같이하는 2008년 '평등교육실현을위한전국학부모회'를 창립하여 학부모운동이 분화되기 시작한다. 참교육학부모회가 만들어진 뒤인 1990년에 교육문화운동 차원에서 학부모운동을 전개하기 위한 '인간교육실현학부모연대'가 창립되어 학부모운동으로서 교육운동을 시작하였다.

교육연대 활동의 발전

　학부모운동이 교육운동으로 정착되면서 다양한 교육시민운동 단체들이 만들어지고, 전교조와 함께 교육개혁연대 활동의 중심축이 되어 교육시민운동을 주도하게 된다.

　교육시민운동은 1980년대 후반부터 여러 단체들이 본격적으로 결성되기 시작하면서 활발하게 활동을 시작한다. 1995년 5월 31일 이른바 '5·31교육개혁조치'로 교육체제가 개편되면서부터는 교육 주체들의 참여가 제도화되고, 이에 따라 교육시민운동 진영 내의 분화가 활발해지는 한편, 각 단체별 활동의 한계를 넘어서기 위한 연대 활동도 요구되었다. 이에 진보적 교육단체들을 중심으로 한 교육개혁연대회의와 시민

---

29. 참교육학부모회 창립선언문에서 제시한 요구 사항
　1. 문교부는 참스승을 지키고자 하는 어린 학생들의 눈물 어린 호소에 폭력이나 퇴학 등의 반인륜적, 비교육적 처벌로 일관하는 행위를 철회하고 처벌 학생을 즉각 원상복귀 시켜라!!
　2. 전교조 관련 1,700여 해직교사를 즉각 복직시켜라!!
　3. 문교부는 전교조의 실체를 인정하고 대화에 즉각 임하라!!
　4. 정부는 전교조대책협의기구(청와대, 안기부, 감사원, 기획원, 내무부, 치안본부, 법무부, 문교부, 문공부, 총무처, 서울시 등 11개 기관)를 동원, 전경련, 육성회협의회, 주부교실연합회, 반상회까지 악용, 전 국가 체제를 전교조 탄압을 위한 기구로 함에 대해 국민 앞에 사과하고 전교조 대책홍보비 45억 원을 부족한 교육예산에 투자할 것을 요구한다.
　　아울러 결의 사항으로
　＊교육 모순을 바로잡고자 떨쳐 일어난 선생님들과 함께 민족, 민주, 인간화 교육을 위한 참교육 운동에 적극 매진한다.
　＊우리는 교사에게 촌지를 바치는 대신 잘못된 교육정책, 입시제도를 고치기 위해 적극 노력한다.
　＊우리는 편협한 가족이기주의에서 벗어나 자녀가 다니는 학교마다, 우리가 사는 지역마다 학부모회를 구성하는 데 적극 노력한다.
　　참교육학부모회 홈페이지 http://www.hakbumo.or.kr/gnu/bbs/board.php?bo_table=info_statement

운동단체를 중심으로 한 교육민회(교육개혁과교육자치를위한시민회의)가 결성되고, 이후 교육개혁시민운동연대, 범국민교육연대 등으로 발전하게 된다.

교육개혁연대회의는 1993년 전국교직원노동조합(전교조), 민주화를 위한 전국교수협의회(민교협), 한국사립대학교수회연합회(사교련), 전국 대학강사노동조합(전강노), 대학직원노동조합(대학노련), 참교육학부모회, 전국국립사범대학학생연합(전사련), 전국교육대학학생대표자협의회 (교대협), 학원자주화추진위원회(학자추), 참교육시민모임으로 구성된 협의체로 출발하였다. 이후 공청회, 서명운동 등을 통해 교육재정 확충, 사립학교법 개정, 고교입시부활 반대운동 등 전교조의 교육대개혁투쟁을 시민운동으로 전개하였다. 교육민회는 인간교육실현학부모연대, 흥사단, YMCA 등을 중심으로 시민운동가, 학자, 교육자들이 참여하여 1994년에 결성되었다. 이와 같은 교육연대 단체의 성립은 연대 활동을 통해 교육운동을 활성화하는 계기가 되었다.

1998년 5월 21일 교육개혁연대회의와 교육민회를 통합하여 '교육개혁 시민운동연대'를 결성하였다. 그간 다양한 방식으로 교육운동을 펼쳐온 학부모, 교원, 시민운동단체들이 한데 모여 교육개혁시민운동연대를 결성하였다. 교육개혁시민운동연대는 창립취지문에서 "교육개혁이 시민사회의 다양한 요구를 반영하기 위해 교육 부문에서 정부와 NGO의 영역을 분화시키고, 교육시민운동진영의 요구를 교육정책 수립과정에 반영하겠다"라고 교육시민운동의 위상과 활동 방향을 밝혔다. 교육개혁시민운동연대는 교육자치 관련 활동, 교육개혁시민모임 구성, 보충수업 및 입시제도 개선, 각종 프로젝트 수행, 시민활동가 워크숍 등의 활동을 전개하였다. 전교조 합법화 이후 전교조 중심의 교육시민운동에서 탈피하려는 움직임과 교육시민운동의 본연의 요구를 기반으로 한 활동 방식을 놓고 의견이 엇갈리면서 연대 활동은 부침을 거듭하며 분화가 지속되었다.

이제 교육시민운동은 기존의 조직 중심적 연대 활동에서 벗어나 사안 및 과제 중심적 연대 방식을 채택하였다. 부패 척결과 「사립학교법」 개정, 학교자치와 교장선출보직제 실현, 학교급식, 교육 개방 반대 등의 과제를 중심으로 국민운동본부, 네트워크, 범국민연대 등의 조직체를 결성해 활동하는 방식으로 연대 활동의 방향을 전환하였다. 또한 5·31교육체제의 신자유주의 정책 아래서 교육시민운동은 이데올로기적 분화와 대립 속에서 국면에 맞는 연대 활동을 펼치며 부침을 계속해왔다.[30]

필자는 교육연대운동이 본격화되면서 교육개혁연대회의의 정책기획 담당자 모임에 참가, 교육개혁시민운동연대 정책위원장으로 활동하고, 참교육학부모회에는 회원으로 가입하여 동북부지회 활동에 참여하는 등, 각종 연대 활동에 직간접적으로 활동하면서 교육시민운동의 활성화를 위해 함께했다.

---

30. 강명숙 집필(2006년), 「교육개혁시민운동연대」(행정자치부 국가기록원 기록물 자료)를 참고하여 정리하였다.

'2009 교육선언'-경쟁에서 협동으로, 차별에서 지원으로!

교육시민운동이 조직 중심의 연대 활동으로 부침을 거듭하는 가운데 연대 활동이 소강상태에 빠지고, 이명박 정부가 교육운동 탄압을 전면화하고 5·31교육체제를 강화하였다. 이에 교육운동 진영의 힘 있는 대응이 필요하던 시기에 '2009 교육선언'이 나왔다.

시장주의를 강화하고 아이들을 입시경쟁으로 내모는 경쟁교육 중심의 5·31교육체제 강화를 규탄하고, '경쟁에서 협동으로! 차별에서 지원으로!'를 슬로건으로 내세우는 교육개혁을 주장하며, 283개 단체 소속 회원 2,721명이 참가하여 2009년 3월 12일 '2009 교육선언'을 발표하였다.

교육희망네트워크 창립-풀뿌리 민주주의

2009 교육선언 발표 후에 교육시민운동을 되살릴 필요를 느낀 안승문, 조연희, 이용관 등은 연대 활동 방식을 단체별 연대가 아니라 개인별 가입을 통한 네트워크 방식으로 전환해야 함을 인식하였다. 이에 1년여 동안 13차에 걸친 준비모임을 하면서 2010년에 '교육희망네트워크'를 창립하였다.

교육희망네트워크는 교육계와 시민사회, 정치권과 사회 각 부문이 소통하고 교류하고 협력하면서 국가가 책임지는 참다운 공교육 체제를 수립하고, 차별 없고 질 높은 교육 문화 복지를 실현하며, 올바른 교육자치를 확립하기 위한 풀뿌리 교육운동을 지역과 전국에서 광범하게 조직했다. 이후 지역의 풀뿌리 교육운동을 지향하며 지역 교육 현안과 전국 교육 현안에 대응하며 네트워크 운동으로 뿌리를 내리고, 각 시도에서 교육위원과 교육감 선거에 적극적으로 대응하여 진보적 교육위원과 교육감이 진출하는 성과를 거두는 등 교육시민운동 조직으로 자리를 잡았다.

교육시민운동은 촛불 광장에서 단체별 독자적인 목소리를 내기보다는 네트워크 구성원 각자가 개별적으로 시민 속으로 들어가 촛불 시민과 함께 촛불 항쟁을 시민 승리로 이끄는 데 함께했다.

촛불 이후 교육 거버넌스의 실종

2017년 촛불혁명으로 대통령이 탄핵되고, 5월 9일 대선에서 문재인 정부가 탄생하였다. 이후 김상곤 교육부장관 인준을 저지하려는 보수 세력에 교육시민사회가 총력 대응하여 장관 임명을 지켜냈다. 교육시민 사회는 문재인 정부가 촛불 정신을 반영하여 새로운 교육체제를 수립하리라는 기대와 열망으로 지켜보았다. 교육부장관이 취임하자 바로 2015년 개정 교육과정체제에 맞는 대학입시 수능체제 개편안을 8월까지 마련하기 위해 논의를 시작했으나 국민 여론이 찬반으로 갈려 논쟁에 휘말리자 2018년 8월로 유예하고 말았다.

그 이후로 이렇다 할 교육혁신과 로드맵을 제시하지 못하자 교육시민사회는 1년간 아무런 교육개혁 정책도 추진하지 못하는 교육부에 실망하게 되었다. 게다가 2018년 8월까지 발표하기로 한 2022년 대학입시 개편안에 대해서는 쟁점만 정리된 안을 국가교육회의에 넘기고 말았다. 정시 확대와 축소, 절대평가와 상대평가에 대한 쟁점을 국민 공론화로 넘기게 되었던 것이다. 교육시민사회는 이에 대해 신속하게 입장을 정리하지 못하고 미온적으로 대응하였다. 2018년 5월 10일 32개 교육 관련 단체가 모인 '학교교육 정상화를 위한 교육혁신연대'(이하 교육혁신연대)는 2018년 6월 19일 오후 3시 서울 정부종합청사 앞에서 공동기자회견을 열었다. 이들은 수능 절대평가 실시를 주장하였다. 처음에 이 단체들은 대학입시 정책에 긴급 대응하기 위해 모였으나, 기자회견 이후 국가교육 현안에 대응하기 위한 상설연대 협의체로 활동하기로 의견을 모았다.

정체된 교육연대 운동

촛불 이후 새로운 정국과 대선 정국 및 새 정권의 교육개혁을 견인하기 위한 사회적 기구로서, 2017년 4월 5일 전교조 중심의 교육연대 단체인 교육운동연대, 교육혁명공동행동, 대학구조조정 공대위 3개 연대 단체와 교육공동체 징검다리, 미래교육포럼, 청소년인권연대 등 3개 교육시민단체가 참여한 '새로운 교육체제 수립을 위한 사회적교육위원회'가 출범했다. 사회적교육위원회는 교육문제 개선을 위해 대선 핵심 의제로 입시중심교육 폐지를 위한 대입시험의 자격고사화, 암기식·주입식 교육에서 벗어나도록 수능과 내신의 절대평가, 수능 논·서술형 문제 도입 등을 제시했다. 또한 대학 서열화 문제 해소를 위한 '대학통합네트워크' 건설 방안, 교육부 폐지와 국가교육위원회 설치, 유·초·중등교육 업무를 시·도 교육감에 이양하고 학교의 자율성과 대학자치를 확대하는 방안, 교육재정을 GDP 대비 6%로 확대, 교장선출보직제 도입, 대학총장 직선제 보장, 무상교육 확대 등도 요구했다.

한편 대선 시기 교육 의제 제출에 머무르지 않고 새로운 정부가 출범할 경우 교육체제 개편을 제대로 수행하도록 견인하고 추동하는 역할도 자임하였다. 그러나 사회적교육위원회는 전교조의 기존 정책을 되풀이하면서 변화된 국면에 맞는 의제를 선택·집중하지 못하고 사회적 공론화에도 실패하였다. 문재인 정권 출범 후에는 전교조의 법외노조 철회와 교원평가 폐지 투쟁에 집중하면서 창립 목적에 맞게 새 정권 출범이라는 변화된 국면에 맞는 사회적 의제화에 성공하지 못했다.

교육시민사회의 미래교육 담론

촛불 이후 문재인 정부가 탄생했지만 새 정부의 국가교육기구는 제대로 된 교육혁신안과 전략을 제시하지 못하고 표류하고 있다. 교육운동 진영과 교육시민사회도 변화된 국면에 대응할 수 있는 새로운 교육체제 수립을 위한 교육 의제를 주도하지 못하고 지리멸렬한 상황이 지속되고 있다.

이러한 상황에서 5·31교육체제를 대체하는 새로운 교육체제 수립을 위한 교육운동 기반을 만들고, 국가교육기구 및 지역 교육청과의 거버넌스 구축을 위해 변화된 국면에 대응할 수 있는 교육운동 전략을 세우고, 교육운동 활성화를 위해 교육운동을 어떻게 재구조화할 것인가를 논의하는 모임이 시작되었다.[31] 몇 차례 논의 끝에 '2030교육포럼추진위원회'를 구성하여 2018년 6월 20일 흥사단에서 '촛불 1년 반, 교육운동의 과제와 전망'을 주제로 교육혁신토론회를 개최하여 '2030교육포럼' 추진을 공식화했다. '2030교육포럼'은 다음과 같이 창립 취지를 밝히고 창립을 준비하고 있다.

첫째, 국가교육기구와 교육시민과 교육운동의 연계를 위해 국가교육회의, 교육부, 시도교육감협의회, 국회와 교육시민사회, 교육운동 간의 플랫폼 구축, 새로운 교육체제, 교육정책 추진을 위한 소통과 토의, 협력체제를 만든다.

둘째, 현장 실천역량의 결집과 교육정책 대안 산출을 위해 교육시민운동, 교육운동단체의 소통과 토의를 통한 현장 실천역량의 성장을 지원한다.

셋째, 새로운 교육체제와 교육의 지방분권화에 대비하여 국가 교육거버넌스체제 수립을 목표로 하는 '국가교육회의'와 '국가교육위원회' 등의 사회적·운동적 토대 구축에 함께하고, 지역 교육거버넌스체제 구축의

---

31. 2018년 2월 25일 종로 민들레영토에서 황호영, 이용관, 정진화, 조정묵이 모여 논의를 시작했다. 그 후 격주로 연인원 16명이 참가하는 모임을 계속하여 6월 6일 (가칭)2030교육포럼추진위원회가 출범하였다. 2018년 10월 창립을 목표로 활동하고 있다.

촉진제 역할, 지방교육자치제 방향과 대안을 마련하는 교육운동의 플랫폼으로서 역할을 한다.[32]

매월 포럼과 세미나, 워크숍을 하면서 방향을 모색하고, 준비위원을 모집하여 2018년 10월까지 창립을 목표로 준비하고 있다. 필자는 교단을 퇴직하고 나서도 이와 같은 '교육체제 새판짜기와 교육운동 새판짜기'에 참여하려고 한다.

---

32. 새로운학교서울네트워크/(가칭)2030교육포럼추진위원회 공동 주최 '촛불 1년 반, 교육운동의 과제와 전망', 「(가칭)2030교육포럼 추진계획(안)」, 『교육혁신토론회 자료집』 31~32쪽.

2장

교육은 왜 바뀌지 않는가?

교사로 교육현장에서 살아온 지 35년째, 마무리할 시간이 되었다. 교단에 첫발을 내디뎠던 35년 전 새내기 시절이 어느 날 아침 출근길에 문득 생각났다. 새내기 교사가 맞닥뜨렸던 교육현장과 고민했던 교육이 지금은 얼마나 바뀌었는가? 이제 우리 교육이 얼마나 달라졌는가를 확인하고 싶다.

1.

학급당 학생 수 20명, 놀라운 변화

교육 실천 35년 동안 우리 교육현장에는 많은 변화가 있었다. 엄청난 변화가 일어난 것이 분명하다. 서울에서 학급당 학생 수가 70명에서 25명 수준, 학교당 학급 수가 45개 학급 2,000~3,000명에서 18~24학급 300~500명, 교사 1인당 주당 수업시수가 25시간에서 16시간, 학생급식이 집에서 부모가 싸준 도시락에서 국가에서 제공하는 무상급식으로, 수업일수가 220일에서 190일(주5일제)로,[1] 참으로 엄청난 변화다.

2,000~3,000명의 거대 학교에서 70명의 학생을 한 교실에 몰아넣고 교육한다는 것은 '교육'이 아니라 '교화'와 '훈련'을 시키는 '감옥'과 같다고 비유되기도 했다. 교육 여건 개선이 교육을 살리는 길이라고 외쳤던 시절이 있었다.

꿈에 그리던 학급 수 학교당 24학급과 학급당 학생 수 25명이 이루어져 지금은 20명 학급에서 수업을 하고 있다. 초임 시절 주당 수업시수 25시간, 학급 주당 국어 수업시수 5시간씩, 5개 반 350명에서 지금은 주

---

1. 이 통계 수치는 필자가 근무했던 학교의 교직 첫해(1984년)와 마지막 해(2018년)를 단순 비교한 통계이다.

당 수업시수 16시간, 학급 주당 국어 수업시수 4시간씩, 4개 반 80명으로 바뀌었으니 참으로 놀라운 변화다. 과연 그때 지금과 같이 활동 중심 수업과 수행평가 중심 평가[2]를 꿈이라도 꿀 수 있었을까!

이 밖에도 외형적인 변화는 참 많다. 적어도 외형적인 변화는 선진국 수준에 육박하게 되었지만, 실제로 '교육'이 발전하고 교육이 교육다워졌는가? 이 본질적인 질문에 누구도 쉽게 '그렇다'라고 답할 수 없는 우리 교육의 현실은 새내기 교사 시절이나 교직 인생 35년을 마감하는 지금이나 별 차이가 없는 듯하다.

그렇다면 그 이유를 복기해보면 해답이 있지 않을까?

---

2. 필자가 몸담고 있는 2018학년도 북서울중학교 국어과 평가 기준이 지필평가(기말고사) 20%, 수행평가(서술형 글쓰기 포함) 80%이다. 이와 같이 수행평가 80%가 가능한 것은 학급당 학생 수가 20명이기 때문이라고 할 수 있다.

2.
한국의 교사론은 있는가

드라마 〈허준〉[3]의 인기가 한창이던 시절, 심의 허준의 스승 유의태가 의사를 살의殺醫, 사의死醫, 망의妄醫, 광의狂醫, 혼의混醫, 약의藥醫, 식의食醫, 심의心醫의 8단계로 나누는 것[4]을 교사에 대입시켜 교사론을 고민한 적이 있다.

인간의 육체적 건강을 치유하는 의사의 수준을 학생의 정신적 성장과 발달을 꾀하는 교사에 대비하여 교사론을 만들어보고자 하였던 것이다.

왜 『동의보감』의 8의론 같은 교사론은 없는가?

한의학에는 『동의보감』을 집대성한 허준이라는 걸출한 인물이 서양의학에 맞서는 우리의 독자적인 한의학을 우뚝 세웠는데, 교육에서는 왜 우리 교육의 독자적인 교육론을 만들어내지 못하고 서양 이론에 의존하며 살아왔는가를 지독하게 고민하며 살아야 했다.

늘 가슴 한구석이 답답한 가운데 한국 교육과 함께 물결처럼, 바람처

---

3. 1999년 11월 22일부터 2000년 6월 27일까지 MBC에서 방송되었고, 역대 사극 드라마 중에서 63.7%의 최고 시청률로 국민 드라마의 반열에 오른 인기 드라마였다.

럼, 때로는 거세게 쏟아지는 소나기처럼, 어떤 때는 몰아치는 폭풍처럼 표류하며 부표처럼 35년 교육 실천 인생을 마감하게 되었다.

---

4. 드라마 〈허준〉에 나오는 8의론

"첫째가 여덟 가지 의원 중 그 제일을 심의로 친다. 심의란 대하는 사람으로 하여금 늘 마음이 편안케 하는 인격을 지닌 인물로, 병자가 그 의원의 눈빛만 보고도 마음의 안정을 느끼는 경지로서, 의원이 병자에 대하여 진실로 긍휼(矜恤)히 여기는 마음가짐이 있고서야 가능한 품격이다."

"마음 심 자 심의(心醫)오니까?"

방안의 도지가 기록하며 묻는 소리가 났고 허준도 심의라는 글자를 입안에 뇌었다.

"둘째가 먹을 식 자 식의(食醫), 병자의 병세를 판단함에 항상 정성이 모자라며 병자가 말하는 병명만 기억하고 약을 지어 먹이는 자다."

허준이 또 뇌었다.

'식의.'

"셋째가 약 약 자 약의(藥醫), 이 부류도 스스로 병자의 성색(聲色)을 판단하여 병의 경중을 찾아내려 하지 않고 병자가 구술하는 대로 약방문에 의지해 약을 짓되, 병이 조석(朝夕)으로 성쇠(盛衰)가 있는 법과 병자의 근력과 내장의 허실까지를 비교하지 않고 병자가 아프다고 호소하는 부위의 약만 마냥 먹이며 차도를 기다리는 자다."

'심의, 식의, 약의.'

허준이 마른침을 삼키며 유의태의 한마디 한마디를 뇌리에 새겨갔다.

"넷째는 또 무슨 의원이오니까?"

"넷째가 어두울 혼 자 혼의(昏醫), 병자가 위급해하면 저도 덩달아 허둥대고 병자가 쓰러져 잠들면 저도 궁둥이 붙이고 앉아 눈만 뒤룩거리며 오로지 비싼 약 팔 궁리만 일삼는 자다."

도지가 무엇이 연상되는지 혼자 깔깔거리는 소리가 났고 유의태가 가차 없이 말을 이었다.

"다음이 미칠 광 자 광의(狂醫)로, 병자란 제 고통을 호소하는 것이 항상 과장된다는 걸 모르고 오로지 병자의 말만 듣고 매운 약을 함부로 지어 먹이는 자다. 다음이 망의(妄醫)라 부르는 자로, 병자의 고통보다 병자의 의복을 보아 약값을 많이 내는 인가 아닌가에 더 관심이 있고 또한 밤중에 찾아오면 문구멍으로 내다보고 행색이 가난하면 따돌리기 일쑤인 자로, 낮에 찾아가도 병자의 마르고 부한 것조차 보지 않으며 오로지 전에 누굴 무슨 약으로 고쳤다는 것만 증험(證驗) 삼아서 비싼 약이 잘 낫는다고 우기는 자다. 다음이 사의(詐醫), 이 속일 사 자 사의는 오로지 의원의 행색만 흉내 내며 스스로 안 아픈 이도 찾아다니며 병을 보는 체하다가 그저 제가 꾸미는 한 가지 약으로 만병통치라 우기는 자다."

"그런 놈 많지요. 마지막은 무슨 의오니까?"

"마지막이 죽일 살 자 살의(殺醫)다. 춘하추동 계절이 바뀌는 이치와 생명이 살고 죽는 이치를 알지 못하며, 하물며 아파 고통받는 이를 보고도 함께 아파하는 마음이 없고, 나아가 남이 지은 약방문에 일일이 이다 아니다 요란을 떨어 제 이름만 파는 자다."

3.
교육은 왜 바뀌지 않는가?

해답을 찾아

해답을 찾기 위해 중학생의 국어교사로, 예비교사와 교육대학원생의
교육학 강사로, 교육운동의 활동가로, 교육민주화운동의 해직교사로, 교
육시민사회와 함께 교육시민운동가로, 연구소와 연구단체의 연구자로, 교
육정책을 고민하는 정책가로, 새로운학교운동의 리더로, 새교사노조를 추
진하는 활동가로 쉼 없이 살아왔다. 그러나 여전히 가슴 한구석의 답답
함은 풀리지 않고 끝내 교단에서의 삶을 마무리해야 하는 순간이 왔다.

교육은 왜 바뀌지 않는가?

이 물음의 답을 찾기 위해 쉼 없이 살아왔지만, 여전히 명쾌한 해답
을 찾지 못했다. 어쩌면 내가 찾으려는 해답은 없는지도 모른다. 만약 있
다면 우리 교육이 벌써 많이 달라지고 혁신되었을 것이다.

명쾌하고 이상적인 교육은 현실에서 완벽하게 존재할 수는 없겠지만, 그렇다고 그 이상을 포기할 수 없듯이, 그 이상을 향해 끊임없이 달려가다 보면 교육이 달라지고 혁신되지 않을까. 사실 교육에서 혁신이나 혁명은 말처럼 쉽지 않고, 혁신을 위한 지속적인 노력이 쌓여서 새로운 교육이 가능한 것이다. 혁신교육을 위한 지속적인 노력과 시행착오 없이는 이러한 사실을 깨닫는 것조차 불가능할지도 모른다.

바뀌지 않는 교육

교육이 쉽게 바뀌지 못하는 이유를 생생하게 말해주는, 2018년 6·13 교육감 선거 결과를 분석한 페북 글이다.

'등골이 오싹한다'는 말이 맞다.

전국 17곳 시·도 교육청 중 14곳에서 '진보 교육감'이 당선되었다.

학부모들은 '진보 교육감'에게 다시 한 번 기회를 준 것이다.

나 역시 ○○시에서 '선거사무장' 역할을 하면서 선거운동을 진행했다.

선거운동을 진행하면서 '학력저하론'과 맞서 싸워야 했다.

우선 '급변하는 세계'에서 우리가 지향해야 하는 '학력'이 달라져야 한다는 주장을 했다. 기존의 암기식 방식이 아니어야 한다고 했다. 일정한 호응이 있다.

그러나 결국 매달린 것은 '대입 성적'이다.

그 벽을 넘을 수는 없었다.

'신학력론'이 일정한 호응이 있을 수는 있으나, 아직도 넓게 퍼져 있는 '수능성적'과 '대입성과'의 벽을 넘기에는 역부족이었다.

우리가 선거운동을 하기 전 3개월 동안 예비후보로 선거운동을 했던 상대 후보들이 '성적저하론'을 퍼트려놓은 상태에서 선거운동에 뛰어들었다.

'학력저하론'은 중등학부모를 중심으로 초등까지 넓게 퍼져 있었다. 게다가 상대 후보는 ○○교육청이 금지시킨 '유치원영어교육'을 쟁점으로 만들었다.

학부모의 욕망을 자극하는 적절한 지점을 알고 있었다. 학부모의 불안감과 욕망, 이것을 대체할 만한 우리의 무기는 빈약했다.

혁신학교, 학교혁신은 일부 초등학교 학부모들에게는 매력적인 요소이기는 하나, 학력저하론을 압도할 수준은 아니었다. 혁신학교 학부모 중에는 아이를 또 학원에 보내는 학부모도 적지 않은 것이 대한민국의 현실이다.

우리에게 주어진 시간은 4년이다. 이 4년 동안 그 '학력'에 대한 새로운 기준을 넓게 퍼뜨려 우리 교육의 주류로 만들어내지 못한다면 4년 뒤 교육감 선거에서 또다시 '학력저하론'이 나올 것이다.

그렇다면 이번 선거에서 진보 교육감들이 '학력저하론'을 뚫고 당선되었을까?

첫째는 현직 교육감 프리미엄이 분명히 있다. 50~60대 보수적 투표층이라 하더라도 그들의 '보수성'은 '현직'에 대한 안정감으로 작용한다. 그래서 현직이 50~60대 투표층에서 뒤지지 않는 것이다.

둘째는 다른 후보들이 내지 못하는 무상교육 공약의 영향도 있다.

셋째는 문재인 대통령 덕분이다. 이번 선거는 중도층이 진보층으로 합류한 선거였다. 그래서 진보 후보들이 이런 흐름을 탄 것이다. 이번 선거에서 선전한 것은 문재인 정부가 만들어낸 진보적 흐름 덕분이다.

어떤 이들은 이번 선거에서 '전교조 출신'들이 대거 당선된 것은 '국민들이 전교조를 인정한 것'이라고 주장한다. 이런 주장은 '꿈보다 해몽'이라는 생각이 든다.

선거 현장에서 '전교조'는 쟁점이 아니었다. 상대 후보가 보수층의 표를 모으는 수단에 지나지 않는다. 우리 후보는 전교조 출신임을 숨기지는 않되, 전교조 출신임을 드러내어 홍보하지 않았다. 전교조는 선거에서 공격의 아이템은 아니다. 어느 지역에서는 전교조는 방어해야 할 아이템인 경우도 있었다.

대부분 학부모는 전교조에 관심이 없다. 심지어 전교조가 뭔지 모르는 젊은 학부모도 많다. 이번 '전교조 출신'들이 대거 당선된 것은 '전교조이기 때문에' 당선된 것은 아니라는 것이다.

4년 뒤는 어떨까?

다음 선거에서 3선으로 못 나오거나 재선에서 그치는 '현직' 교육감들이 많다. 따라서 다음 선거는 '현직' 프리미엄으로 득을 보는 후보가 지금보다 훨씬 적다.

또 4년 동안 대체로 무상교육이 완성될 것이라는 점이다. 다음 선거에서 진보 후보들이 '무상'의 비교우위는 누리지 못한다.

4년 전 2014년 선거에서는 세월호 사건 이후 '가만히 있으라'에 대한 총체적 반성을 통해 진보 교육감들이 선전했다.

당시 선거 초반에는 6명이던 '현직' 진보 교육감 중에서 재선 가능한 후보를 2명으로 보았다. 나머지는 '아름다운 2위'이거나 '안타까운 3위'를 점치고 있었다.

세월호 사건이 13명의 진보 교육감에게 임무를 부여했다.

올해는 문재인 대통령의 고공 지지율이 일으킨 '보수 괴멸'의 덕을 보았다. 대부분 지역에서 진보 교육감 후보들이 파란색 옷을 입었고, 친문재인임을 드러냈다.

그럼 이번 선거는 대승일까? 아니다.

현직 교육감임에도 양자 대결 지역에서 60%에 달하지 못했다. 55:45 수준이었다. 3자 대결에서는 40%대가 많았다. 현직임에도 압승을 거두지 못했다. 양자대결 지역에서 5%만 저쪽으로 넘어갔으면 패배했을 것이다.

현직임에도 제주와 광주에서는 박빙이기도 했다.

이 진보의 바람에도 불구하고, 현직 진보 교육감들의 성적은 해당 지자체장의 70%, 60% 지지율에 미치지 못했다. 여러 가지 해석이 가능할 것이다. 그러나 미치지 못한 것이 현실이다.

'진보교육'에 대한 의심과 불안이 분명히 있다. 혁신학교 바람이 전체 학교의 일부에서 불 뿐이고, 여전히 다수 교사는 기존 교육 방식에 익숙해 있으며, 대다수 학교장은 그런 교육을 선호한다. 고등학교는 여전히 야자와 보충수업에 매달리고, 학부모들은 여전히 특목고에 매달린다. 게다가 수능 확대라는 암초도 우리 앞에 놓여 있다.

앞으로 4년간 이런 '구태의연한 학력론'에서 벗어나지 못한다면, 다음 교육감 선거는 우리의 대패로 끝날 가능성이 크다.

따라서 새로이 짜여진 '진보 교육감들'은 이를 악물고 새로운 패러다임을 만들어야 한다. 교육부와 힘을 모으고, 또 추동해서 여전히 그 위세를 떨치고 있는 구시대의 학력론을 몰아내야 한다.

그렇지 못하면 '반동의 시대'를 맞게 될 것이다.

교육 관련 단체, 교원단체, 시민단체 역시 지엽적인 문제가 아닌 교육 본질에 대한 투쟁에 전념해야 한다.

'등골이 오싹하다'는 표현이 맞다.[5]

진보 교육감의 아이콘이었던 '혁신학교와 혁신교육'을 4년 임기 동안 교육현장에서 온 힘을 다해 실천하며 낡은 경쟁교육을 거두어내고 새로운 교육을 뿌리내리기 위해 많은 활동가와 교사들이 현장에서 분투하며 실천해왔지만, 그 흐름은 미약하기 짝이 없으며, 시민과 학부모들은 변화를 못 느끼고 경쟁교육의 굴레에서 한 발짝도 못 나아가고 있는 현실을 보여주는 이야기다.

---

5. 송○○ 활동가가 페북에 올린 글이다. 자신의 페친에게 공개한 글이라 여기서는 실명을 밝히지 않기로 한다.

4.
5·31교육체제, 대안이 있나?

5·31교육체제, 아직도 우리 교육을 주도하고 있다

교육혁신은 교육행정 당국이나 전문가들의 개혁안이나 슬로건으로 되는 것이 아니다. 그래서 1987년 이후 정권이 바뀔 때마다 교육개혁을 추진했지만 현장을 바꾸지 못했다. 오히려 우리 교육은 선발을 위한 경쟁 도구로 전락하고 말았다.

역설적이게도 우리 교육을 질곡으로 몰아간 5·31교육개혁은 추진 의도대로 경쟁으로 몰아가는 데 성공한 셈이다. 그 후 이어진 역대 정권은 5·31교육체제를 극복하기보다는 시장주의 경쟁교육을 강화하는 방향으로 정책들이 확대되고 있다. 세계 대부분의 나라는 1980년대부터 전 세계를 휩쓴 신자유주의 경쟁교육의 광풍이 지나가고 새로운 교육체제를 추진하고 있는데, 우리 교육은 아직도 5·31교육체제의 늪에서 헤어나지 못하고 있다.

그 실마리는 현장의 실천활동에 있다

그 이유가 어디에 있는가?

5·31교육체제는 왜 바뀌지 않는가?

그 답의 실마리는 현장의 실천활동에 있다. 현장의 끈질긴 실천활동에서 실마리를 찾아야 한다. 교육혁신에 대한 세계적인 흐름과 우리 교육현장의 흐름을 주시해야 한다. 실천활동을 통해 검증적으로 교육혁신을 추진하는 OECD의 미래 핵심역량 교육의 추진 과정과 실행 과정을 살펴봐야 하며, 우리 교육에서는 지난 10년간 진보교육의 아이콘으로 실천활동을 전개한 혁신학교와 혁신교육에서 그 가능성을 찾아야 한다.

세계적인 교육혁신의 흐름을 주도하는 미래 역량 교육의 추진 과정을 살펴보자. OECD의 DeSeCo(The Definition and Selection of key Competences 핵심역량의 정의와 선정) 프로젝트는 미래 핵심역량을 기르는 교육과정을 만들기 위해 1997년부터 2003년까지 미래 핵심역량의 정의와 그 범주화[6]를 위해 연구 국가로 참여한 국가의 학교에서 실천적인 검증 활동을 통해 7년 만에 '미래 핵심역량의 범주화'를 완성해 제안하였으며, 2003년부터 각 국가에서 교육과정 개정에 반영하여 실행하고 있다.

OECD는 DeSeCo 프로젝트 후속으로 '교육 2030 프로젝트(The

---

6. DeSeCo 프로젝트가 제시한 3대 핵심역량의 범주화는 '도구의 상호 교감적 활용(Use tools interactively)', '사회적 상호작용(Interact in heterogeneous groups)', '자율적 행동(Act autonomously)'이다.

Future of Education and Skills 2030)'[7]를 2015년부터 2018년까지 29개 국이 연구 국가로 참여하여 수행하고 있다. 1단계로 2015년부터 2018년 말까지 미래 핵심역량을 시대 변화에 맞게 프레임워크(재범주화 작업)[8] 를 완성할 예정이다. 2019년부터 2단계는 프레임워크의 교육학, 평가 및 교육 시스템 설계를 탐구하기 시작할 것이다. 이들은 이 과정에 정책 입 안자, 학계 전문가, 학교 네트워크, 교사, 교육 지도자, 학생 및 사회의 파 트너와 협력하여 프레임워크의 아이디어를 교환하고 검증하고 실천 사 례를 비교하며, 최첨단 연구를 반영하여 새로운 학습 생태계를 만드는 데 기여할 수 있는 혁신안을 마련하고 있다.[9] 이 프로젝트의 장시간 현 장 실천활동을 통해 교육혁신안을 마련하려는 원대한 계획과 실천력을 보라. 우리는 이 프로젝트가 마련한 혁신안에만 관심이 있었지 이 프로 젝트가 만들어지는 과정을 주의 깊게 살핀 적이 있는가?

---

7. 'OECD 교육 2030 프로젝트'에서 '2030'의 의미는 다음과 같다. 2018년에 학교에 입 학하는 어린이는 2030년에 청년이 되며 이들이 살아갈 사회는 2030년대 미래 사회이 지만 이들이 교육받는 오늘은 2018년 현재라는 의미가 담긴 것이다. 학교는 아직 창 안되지 않는 기술, 아직 발명되지 않은 기술, 그리고 아직 예상되지 않는 미래 사회의 문제를 해결할 수 있도록 현재부터 준비할 수 있어야 한다는 의미이다.

8. 'OECD 교육 2030 프로젝트' 시안에 따르면 미래 사회에 필요한 핵심역량으로 '새로 운 가치 창조하기', '긴장과 딜레마 해소하기', '책임감 갖기' 세 가지로 프레임워크(범 주화)를 제안하고 있다.

9. '교육과 기술의 미래교육 2030(The future of education and skills Education 2030)' http://www.oecd.org/education/2030/oecd-education-2030-position-paper.pdf

5.
혁신교육이 미래교육의 대안

혁신학교와 혁신교육

우리 교육에서도 교육혁신 방안을 현장 실천 속에서 찾으려고 지난 10년간 시도한 혁신 방안이 있다. 그것이 바로 '혁신학교와 혁신교육' 이다.

2008년부터 시작하여 10년간 새로운학교운동이 주도한 '혁신학교운동과 혁신교육운동'이 'OECD DeSeCo 프로젝트'와 'OECD 교육 2030 프로젝트'와 같은 역할을 한 것이다. 실제로 혁신학교운동과 혁신교육운동은 2008년 시작부터 OECD 프로젝트의 '미래 핵심역량'을 혁신교육의 교육 방향과 목표에 반영하여 한국에서 선도적으로 실천하였다. 혁신학교와 혁신교육 프로젝트는 전국 거점학교를 중심으로 확산되는 학교의 실천활동을 통해 검증하여 학교의 여건에 맞는 모델을 만들어가는 현재 진행형 프로젝트이지 완성된 교육 모형은 아니다. 혁신학교운동은 현장 실천활동가의 실천활동 결과로 만들어졌으며, 진보 교육감 9년 이후 좋은 여건과 상황을 만들어 확산의 길을 가고 있다.[10]

이제 우리는 '교육은 왜 바뀌지 않는가?' 하는 물음의 답을 '혁신학교 운동과 혁신교육운동'에서 찾아야 한다. 그 답은 '교육은 무엇을, 어떻게 바꿀 것인가?'로 바꿔야 한다. '교육은 무엇을, 어떻게 바꿀 것인가'는 혁신학교와 혁신교육의 현장 실천운동에서 답을 구해야 한다. 지난 10년 간 현장 활동가와 진보 교육감들이 땀 흘려 현장에서 실천하여 쌓아온 혁신학교운동과 혁신교육운동에서 그 가능성을 검증했다. 혁신학교운 동과 혁신교육운동처럼 학교현장 실천활동가들이 주도하여 혁신운동이 성공한 사례가 드물다.[11] 그동안 새로운학교운동과 혁신학교운동에 헌신 적으로 노력해온 활동가들의 값진 성과라고 할 수 있다.

혁신교육운동의 성과는 실천운동의 결과

교육현장의 실천운동은 새로운학교네트워크, 좋은교사운동, 참여와 소통, 실천교육교사모임 등 현장 실천교사 모임들이 실천활동을 지속적 으로 하면서 현장에 뿌리내리게 되었다. 진보 교육감들이 추진해온 혁 신학교운동은 실천활동 조직의 교사들이 비약적인 성장 발달을 하는 데 중심적인 역할을 하였다. 혁신학교의 학교개혁운동은 일반 학교의 혁

---

10. 지난 9년간 많은 진보 교육감이 당선되는 데 결정적인 역할을 한 것은 '혁신학교와 혁신교육'이라고 할 수 있다.
11. 세계적으로 성공한 핀란드 교육개혁은 국가교육청 주도로 교사의 전문성과 자발성 을 발휘하게 하여 학교를 개혁하였다. 국가교육청이 주도하여 교육개혁 프로젝트를 계 획적으로 지속적으로 추진한 결과이지만 결국 현장에 뿌리내리는 것은 현장 교사의 몫이었다.

신교육운동으로 확산되어 변화의 흐름을 만드는 데도 실천운동이 중요한 역할을 하였다. 또한 혁신학교교사네트워크, 혁신학교학부모네트워크, 마을교육공동체 등이 조직되어 학교교육 개혁이 학교 울타리를 벗어나 마을과 함께하는 지역사회 교육공동체운동으로 뿌리를 내리는 계기가 되었다.

2부

미래교육과
새로운 교육체제 수립을 위해

3장

미래교육 담론과 교육적 상상력

1.
미래교육은 교육의 본질 속에 있다

교육의 본질로 돌아가야 한다.

교육 담론은 교육의 본질적 질문에 답하고 있는가?

교육 실천 35년 동안 끊임없이 우리들에게 던진 질문이다.

이것은 교육이 아니다.

이것은 교육의 본질이 아니다.

교육이 아닌 비본질적인 문제를 교육이라고 착각하고 있는 것은 아닌가.

그렇다면 교육의 본질은 무엇인가?

지금 내가 하고 있는 교육은 진정 교육의 본질에 맞는가?

학생들 앞에서 매일매일 수업을 하며 나는 어떤 교사인지, 교육의 본질이 무엇인지 답을 찾으려 했지만, 여전히 확실한 답을 구하지 못했다. 단지 끊임없이 교육의 본질에 접근하려는 교육 실천활동에 매진하며 살아왔을 뿐이다.

대학입시제도 개편 논란을 보라.

교육의 본질에 접근하는 담론이 사라지고 없다. 입시제도 개편의 교육적 본질은 '고등학교 교육의 정상화'이다. 여기서 고등학교 교육 정상화는 미래 세대(현재 중학교 3학년)에게 미래 사회의 삶을 위한 학습활동을 통해 미래 사회를 살아갈 역량을 기르는 교육을 하고, 그것을 평가하는 것이 교육적 본질이다. 현재 우리는 교육의 본질에 접근하지 못하고 비본질적인 것으로 학생들을 경쟁시키는 비정상적인 교육을 하고 있기 때문에 이것을 정상화하는 것이 교육적 본질이다.

그런데, 지금 어떤가? 입시제도 개편의 본질적인 논쟁보다는 교육 현실에서 나타나는 비본질적인 문제인 교사의 평가에 대한 신뢰도와 공정성 문제, 변별력 문제, 평가 업무의 부담, 사교육 문제, 고교 교육이 지식 교육 중심이어야 하느냐 마느냐[1] 등이 쟁점이 되고 있다. 물론 이런 문제들은 입시에서 중요한 문제이며 해결해야 할 과제다. 그렇다고 이런 문제 때문에 가야 할 교육혁신을 포기할 수야 없지 않은가. '구더기 무서워 장 못 담그는 일'을 할 수는 없지 않은가.

우리 교육현장에는 교육의 본질보다는 비본질적인 문제로 학생과 교사와 학부모를 힘들게 하는 요소들이 산적해 있다. 이것이 바로 교육의 적폐다. 교육의 적폐를 거둬내고 교육을 정상화하기 위해서는 교육의 본질로 돌아가야 한다.

---

1. 세계적인 흐름은 급속하게 변화하는 미래 사회의 삶을 위한 지식과 기술도 중요하지만, 그 지식과 기술을 대하는 태도와 가치가 더 중요하기 때문에 두 가지를 다 갖춘 역량을 교육하고 있다. 그런데 교과서적 지식을 얼마나 많이 습득하고 있는가를 통해 비교육적인(비본질적인) 경쟁을 관철하려는 입장이 여전히 시민을 현혹시키고 있다.

미래교육은 교육적 상상력이 필요하다

교육에서 경쟁을 배제할 수는 없다. 문제는 무엇을 어떻게 경쟁하느냐다. 우리 사회는 아직도 교과서적 지식을 얼마나 많이 습득하고 있는가를 경쟁하게 만들고 이를 평가해서 서열화하고 있다. 우리 교육은 이런 경쟁에서 살아남기 위해 얼마나 효율적으로 지식을 많이 쌓게 하느냐의 효율적 교육론이 담론을 주도하고 있다. 이번 입시제도 개편에서도 맹목적인 평가의 공정성, 신뢰성, 효율성, 변별력 논쟁에 집착하고 있다. 물론 평가의 공정성, 신뢰성, 효율성, 변별력은 중요하다.

그러나 무엇을 평가하기 위해 평가의 원리를 따져야 하는가 하는 논란에서 '무엇'이 빠져 있다. 우리 교육은 단순한 '지식 습득을 위한 교육'에 경쟁을 시키고, 이를 평가하는 데 얼마나 공정하고, 객관적이고, 변별력이 있느냐에 중점을 두고 있어 '무엇을 가르치고 무엇을 평가할 것인가'에서 '무엇'이 빠져 있다.

'무엇'을 단순한 교과서적 '지식'이 아닌 '역량'을 학습하고 평가하는 내용으로 담론을 확장해야 한다. 'OECD Learning Framework 2030' 프로젝트에서는 '역량'을 지식, 기술(실행능력), 가치 및 태도로 구성되는 포괄적인 개념으로 정의하고 있다. 역량 개념은 단순히 지식과 기술을 습득하는 것 이상을 의미한다. 복잡한 요구를 충족시키기 위해 지식, 기술, 태도 및 가치의 학습이 필요하다는 개념이다. 따라서 역량을 기르는 학습을 하고 이 역량을 평가해야 한다는 것이다. 미래 사회의 학생들에게는 폭넓고 전문적인 지식의 학습이 필요하다. 또 지식에는 학문 지식Disciplinary Knowledge과 새로운 지식이 개발되는 원재료로서 학문의 경계를 넘어 생각하고 '점들을 연결'하는 간학문적 지식Interdisciplinary Knowledge과 함께 수학자, 역사학자 또는 과학자처럼 생각하는 법을 아는 것과 같은 인식론적 지식Epistemic Knowledge과 무언가를 실행하거나 이루어지는 방식을 이해하여 목표를 달성하기 위해 취해진 일련의 단계 또는 조치의 절차적 지식Procedural Knowledge이 있다.

이러한 지식을 상황에 따라 적용하는 포괄적인 기술이 필요하다. 기술은 인지 및 메타인지 능력(예: 비판적 사고, 창조적 사고, 학습 방법의 학습 및 자기 조절), 사회 및 정서적 기술(예: 공감, 자기 효능감 및 협업 능력), 실용적이고 신체적 기술(예: 새로운 정보 및 통신 기술 장치 사용)을 배워야 한다.

이러한 포괄적인 지식과 기술의 사용은 태도와 가치(예: 동기, 신뢰, 다양성과 덕성에 대한 존중)에 의해 조정되는데 태도와 가치는 개인적, 지역적, 사회적 및 세계적 수준에서 관찰될 수 있다. 인간의 삶은 다양한 문화적 시각과 성격 특성에서 비롯된 다양한 가치와 태도, 타협할 수 없는 인간의 가치(예: 삶과 인간의 존엄성, 환경에 대한 존중 등)가 있다.[2]

'OECD Learning Framework 2030' 프로젝트의 역량 중심 교육에서 제시한 역량은 '지식과 기술' 영역과 '태도와 가치'를 포괄적으로 학습하고 그 결과를 평가하는 것은 개인과 공동체 사회가 서로 배타적이거나

---

2. http://www.oecd.org/education/2030/oecd-education-2030-position-paper.
   pdf

대립적이지 않고 서로 포괄하는 개념이라고 할 수 있다. 역량 중심 교육은 지식과 기술, 가치 및 태도를 학습하고 새로운 가치 창출하기, 긴장과 딜레마에 대처하기, 책임감 갖기의 핵심역량 교육을 함으로써 개인과 집단이 행복한 삶을 살 수 있다고 했다.

미래 핵심역량 교육에서 '개인'과 '집단'이 행복한 삶을 살아갈 수 있는 역량 교육을 강조하고 있다. 여기서 '경쟁'과 '공동체 사회'는 서로 분리된 대립적 개념이 아니다. 서로 포괄하고 있으며 통합되어 있다.

'역량'을 기르는 교육을 어떻게 하고, 어떻게 평가할 것인가는 누구나 쉽게 상상할 수 있을 것이다. '개인적인 역량'과 '공동체적 협업 역량'을 분리 또는 통합해서 평가하면 된다. 이때는 단순한 지식을 평가해서 점수로 서열화하지 않고 역량을 수준별로 분류하는 정도의 평가가 가능할 것이다. 이렇게 되면 경쟁은 완화되고 승자 독식의 경쟁이 아닌 함께 살아가기 위한 공존과 역할 분담의 협업적 경쟁이 가능하지 않을까?

평가 방안에 대해 상상력을 발동해서 평가의 기준을 세워보자.

핵심역량 중심 평가 방안

A-0	지식과 기술-상, 태도와 가치-상
B-1	지식과 기술-중, 태도와 가치-상
B-2	지식과 기술-상, 태도와 가치-중
C-0	지식과 기술-중, 태도와 가치-중
D-1	지식과 기술-하, 태도와 가치-상
D-2	지식과 기술-상, 태도와 가치-하

E-1	지식과 기술-하, 태도와 가치-중
E-2	지식과 기술-중, 태도와 가치-하
F-0	지식과 기술-하, 태도와 가치-하

평가 기준

새로운 가치 창출하기, 긴장과 딜레마에 대처하기, 책임감 갖기.

세 가지 범주에 대해 상, 중, 하로 평가하고 결과를 종합하여 지식과 기술, 태도와 가치 영역을 평가한다.

＊ 여기서 잠깐! E-2와 F-0 사이의 줄표는 무슨 의미일까? 상상력을 발휘해보자. 답은 각주[3]에 있다.

너무 가벼운 상상력일지도 모른다. 이것이 해결 대안이 아닐 수도 있다. 현실적으로 가능하지 않다고 할 수도 있다. 선발은 어떻게 하느냐고 반박할 수도 있다. 그러나 여전히 상위권 학생과 상위권 대학(5%)에 갇혀서 사고하면 문제는 영원히 풀 수 없을지도 모른다. 몇 년 후에는 학생 수 감소로 많은 대학이 문을 닫아야 할 판인데도 95%를 들러리로 세워 실패자로 살아가게 하는 교육이 언제까지 지속되어야 할까. 여기서

---

3. 답은 낙제점이다. 낙제점을 받은 학생은 보충 교육을 통해 핀란드 교육처럼 낙오자가 나오지 않도록 하면 될 것이다.

멈추면 답이 없지 않은가. 답을 찾아야 한다. 답을 찾을 때까지 노력하고 혁신해야 한다.

지속가능한 혁신교육이 가능한가?

이 질문에 우리는 지속가능한 혁신교육이 되어야 한다는 당위론적 답을 할 수밖에 없다. 그 이유는 우리 교육이 실천운동을 통해 교육의 혁신 가능성을 보여주었으며, 다른 어떠한 학교개혁운동도 성공적으로 지속된 적이 없기 때문이다. 혁신교육운동의 시작이요 끝이라 할 수 있는 혁신학교 만들기는 한국의 교육혁신의 아이콘이 되었기 때문에 반드시 성공해야 한다. 혁신학교는 전국에 1,300여 개 학교가 지정되어 10% 비율로 확산되었다. 농어촌 지역의 작은 학교와 초등학교를 중심으로 단위학교 숫자 비율은 꽤 빠른 속도로 늘어가고 있으나, 대도시의 거대학교와 고등학교는 여전히 혁신학교의 확산이 어렵고, 일반 학교에 혁신교육의 전파는 더디게 가고 있다.

문재인 정부와 임기를 같이하는 진보 교육감 3기는 혁신학교와 혁신교육을 반드시 반석 위에 올려놓아야 한다. 이번에 혁신학교운동이 성공하지 못하면 어떤 학교혁신운동도 호응을 받기 어렵게 될지도 모른다. 혁신학교와 혁신교육운동은 세 번의 교육감 직선제 선거에서 진보 교육감 당선의 1등 공신이었다. 혁신학교운동이 성공하지 못하면 진보 교육감이 다음 선거에서도 이전처럼 국민들로부터 지지받기는 어려울 것이다.

혁신교육운동이 성공적으로 이루어지고 학교개혁이 혁신적으로 이루어지려면 아래와 같은 과제들에 대한 해결 방안과 대책을 마련하고, 그에 따른 제도를 정비하고 정책 대안을 찾아야 한다.

- 지속가능한 혁신교육은 가능한가?
- 새로운 교육체제 수립은 어떻게 할 것인가?
- 5·31교육체제를 대체하는 교육혁신 대안은 무엇인가?
- 교육운동의 발전 방향은 무엇인가?
- 미래교육 담론을 어떻게 만들 것인가?
- 교육적 상상력은 어떻게?
- 국가교육체제는 어떻게 개혁할 것인가?
- 교육기구, 교육현장, 시민사회의 거버넌스는 어떻게?
- 교육자치와 교육의 지방분권화는 어떻게?

이 질문은 혁신교육 이전부터 교육 실천 35년 동안 고민했던 것들이다. 이 질문에 대한 답을 찾기 위해 노력했다. 이번 기회에 미완의 교육 실천을 돌아보고 답을 찾고 싶었다. 그러나 이 글쓰기 작업을 통해 답을 찾을 정도로 가벼운 문제가 아니다. 하루아침에 해결될 문제가 아니기에 다만 이 글쓰기를 통해 이 문제들을 되짚어보고 문제 제기를 하고자 한다. 마무리가 아니고 시작일 뿐이다.

10년 전, 혁신학교운동을 학교개혁운동으로 뿌리내리게 했던 새로운

학교네트워크를 조직하여 새로운학교운동을 시작할 때, 암울했던 학교 현장에서 이렇게 비약적으로 발전할 줄은 전혀 예상하지 못했다. 그저 학교현장이 암울해서 10년이고 20년이고 이 운동에 전념하여 학교개혁의 돌파구를 열어야 한다는 생각에서 출발했다. 그런데 예상치 못한 2009년 경기교육감 재선거에서 김상곤 교육감이 새로운학교네트워크가 내세운 혁신학교를 공약으로 당선되면서 가능성이 열리고, 이어 2010년 6개 지역, 2014년 13개 지역에서 진보 교육감이 당선되어 혁신학교와 혁신교육운동은 급속도로 확산되었다. 이러한 결과는 전혀 예상하지 못했던 조건을 만나 운 좋게 대박 난 사건이 아니다. 이미 그전에 실천활동가들이 꾸준하게 준비했기에 가능한 것이다. 실천운동이 뒷받침되지 못했다면 관 주도의 일시적인 정책으로 실험하다 끝났을 수도 있었다.

따라서 혁신교육운동을 지속가능하게 하는 것은 시·도교육청을 넘어 국가적인 과제가 되어야 한다. 그것은 실천운동의 핵심적 과제이기 때문에 지속가능한 학교혁신운동으로 꼭 성공해야 한다. 또한 5·31교육체제를 극복하는 대안 교육체제를 요구한 촛불 정신과 부응하는 교육혁신은 혁신교육운동밖에 없다.

이 글에서 앞의 문제 제기에 대한 완전한 해결 방안과 대안을 제시할 수도 없거니와 제시해서도 안 된다. 현장의 실천활동에서 구체적인 해결 방안과 대안이 만들어져야 실천 가능하고 현장 정합성이 있는 안이 만들어지고, 그것을 다시 현장 실천가들이 받아안고 현장에서 실천할 수 있기 때문이다.

2.
미래교육과 교육혁신 담론

5·31교육체제를 대체하는 담론은?

미래교육 담론은 어느 시대, 어느 사회에서나 있어왔지만, 우리 사회에서는 최근 제대로 된 미래교육 담론이 제기된 적이 없다. 한국 교육이 미래 사회를 내다보지 못하고 낡은 교육체제에서 벗어나지 못하고 있음을 반증하는 것이다. 1995년에 발표된 5·31교육체제가 더 이상 미래세대 교육이 될 수 없다는 위기의식을 반영한 반론적 담론은 있었으나 이를 대체하는 대안적 담론은 없었다. 미래교육 담론의 장에서 대부분 공통적으로 사회의 변화, 과학기술의 변화, 노동의 변화에 따라 학력 개념이 변화되고 그래서 당연히 교육의 본질도 변화해야 한다는 문제의식을 제기하고 있을 뿐이다.

우리 교육은 아직도 지식 중심 교육, 입시 중심 교육에서 벗어나지 못하고 있다. 5·31교육체제가 25년간 이어지면서 치열한 입시경쟁교육은 더욱 심화되었고, 지식을 암기하는 교육과 객관식 정답 찾기 교육이 여전히 행해지고 있다. 이것을 극복할 수 있는 새로운 교육체제에 대한 대안적 담론을 만들어내지 못하고 있다. 5·31교육체제를 넘어서려는 학교 개혁의 시도가 없었던 것은 아니다. 미래교육의 방향을 역량 중심 교육이라는 세계적인 흐름에 따라 학교교육에 도입하려는 시도는 실천운동으로 출발한 새로운학교운동에서 시작했다. 새로운학교네트워크가 혁신학교 교육의 상을 제시하면서 OECD가 주도한 DeSeCo(The Definition and Selection of key Competences) 프로젝트에서 제시한 미래 핵심역량 교육을 교육과정 목표에 반영하였다. 또한 국가적으로는 2015년 개정 교육과정의 교육과정 목표에 미래 핵심역량 교육을 반영하고 있다.[4]

미래교육 담론, 어디까지 왔나

미래교육과 관련한 워크숍, 토론회, 세미나 등에서 많이 등장하는 질문은, "미래 사회에는 학교가 사라질 것인가?"이다. 결론부터 이야기하면, 학교는 사라지지 않을 것이다. 다만, 소위 전통적인 형태의 학교는 사라질지도 모른다. 주어진 시간에 등교해서 1교시 영어, 2교시 과학 등 정해진 교과를 물리적 교실 환경에서 획일적으로 수업을 받는 형태의 전통적인 학교 모습은 많이 축소될 것[5]으로 예측하고 있다. 즉 공교육으로서 미래교육은 여전히 사라지지 않으나 지금의 교육과는 전혀 다른

---

4. 2015년 개정 교육과정의 교육과정 목표에 미래 핵심역량 교육을 국가교육과정에 반영했지만 현장에 뿌리내리지 못하고 문서화된 교육과정 수준에 머무르고 있다.
5. 김진숙 외(2016). 「4차 산업혁명 대응 미래교육 Big Picture 연구」, 한국교육개발원.

교육 패러다임의 전환을 예측하고 있다.

미래교육에 대한 최근의 논의에서 논의의 근거로 주로 등장하는 것은 4차 산업혁명 시대 교육이다. 촛불 이후 미래교육의 키워드로 '4차 산업혁명 시대의 교육'이 급부상했다. 촛불 이후 교육문제의 공론장에서 가장 많이 등장하는 주제도 역시 마찬가지였다.

4차 산업혁명 시대와 미래교육

4차 산업혁명 시대 교육의 변화를 요약한 KEDI의 보고서에서 초지능, 초연결사회로 정의되는 4차 산업혁명의 발달이 교육적으로 주는 시사점은 인간으로서의 정체성을 확립하고 대응하는 인재 양성이다. 또한 인간의 경험이 시간과 공간, 현실과 가상을 넘나드는 상황에서 학습에 대한 스스로의 능력을 신뢰하고 구축해가는 인재 양성이다. 일자리는 앞서 예측한 대로 어떤 직업이 향후 유망할 것인가에 대한 전망이 무색할 정도로 직업 자체의 소멸과 생성을 겪게 될 것이다. 다만 소멸 가능성이 낮은 일자리의 특성으로 예측되는 대인관계 능력의 요구, 경험이나 판단력, 창의성의 수준이 높은 직무를 고려하면 이에 대한 교육적 대응 방향은 확인된다. 이는 저차원의 인지 능력보다는 고차원의 문제해결력, 창의력, 무엇보다 사회정서적 능력이 높은 감성적 인재를 양성해야 한다[6]는 것이다.

많은 논의에서 4차 산업혁명 시대는 직업과 일자리 변화의 가능성이 크기 때문에 교육이 변하지 않으면 안 된다는 위기의식을 제기하고 있다. 인공지능과 로봇의 등장으로 인한 노동시간 단축과 여가시간 증가에 따른 대비도 중요하게 제기하고 있다. 그에 따른 교육과정과 교육 방법론의 변화, 학력의 개념과 교육의 본질 변화까지도 예측하고 있다.

OECD의 미래 핵심역량 교육

4차 산업혁명 시대의 교육과 함께 세계적인 또 하나의 미래교육 담론은 OECD의 미래 핵심역량이다. 미래 핵심역량은 OECD의 DeSeCo(The Definition and Selection of key Competences 핵심역량의 정의와 선정) 프로젝트에[7]서 시작되었다. OECD의 DeSeCo 프로젝트는 미래 사회를 성공적으로 준비하기 위하여 '역량'을 갖추는 것이 필요하다고 강조하였다.

---

6. 4차혁명 시대의 미래교육 준비하기, 교육학술정보원 자료실 http://lib.keris.or.kr/search/detail/CATTOT000000012432
7. OECD교육위원회와 PISA가 공동으로 미래교육의 과제로 1997년부터 2003년까지 마련한 'DeSeCo 프로젝트'에서 제시한 미래교육의 과제가 핵심역량 교육이다. 'DeSeCo'는 미래 사회에서 개인이 반드시 갖춰야 하는 3대 핵심역량을 3개 영역으로 범주화했다. 3대 핵심역량은 '도구의 상호 교감적 활용(Use tools interactively)', '사회적 상호작용(Interact in heterogeneous groups)', '자율적 행동(Act autonomously)' 등이다.

OECD DeSeCo 프로젝트 3대 미래 핵심역량

1. 도구를 상호 교감적으로 활용하기: 개인이 사회적·물리적 환경과 효과적으로 상호작용하기 위하여 다양한 도구를 효과적으로 사용할 수 있어야 한다.
   - 언어, 상징, 문자를 상호적으로 사용하는 능력
   - 지식과 정보를 상호적으로 사용하는 능력
   - 기술을 상호적으로 사용하는 능력

2. 이질적인 집단과 상호작용하기: 사회가 다원화되고 상호 의존성이 높아지면서 타인과 관계 맺는 것이 필수적이므로 이질적인 집단에서 상호작용하는 것이 매우 중요하다.
   - 타인과 원만히 관계를 맺을 수 있는 능력
   - 협력하여 일할 수 있는 능력
   - 갈등을 관리하고 해결할 수 있는 능력

3. 자율적으로 행동하기: 자신의 생애를 관리하고, 확대된 사회적 맥락 속에서 자리매김하며 자율적으로 생활할 수 있어야 한다.
   - 보다 큰 맥락에서 행동할 수 있는 능력
   - 생애계획을 수립하고 실행에 옮길 수 있는 능력
   - 권리와 이익의 한계를 알고 요구할 수 있는 능력

OECD의 DeSeCo 프로젝트가 수행되면서 핀란드, 미국, 뉴질랜드, 독일, 캐나다 등 많은 나라가 역량 기반에 기초한 교육과정 개혁을 하고, 미래 사회에 필요한 역량을 키워주는 교육을 실시하고 있다. OECD에서 강조하는 '역량Competency'은 창의적 능력, 문제해결 능력, 공감 능력, 소통 능력 등 인간이 갖추어야 할 종합적인 능력을 지칭한다.

'OECD 교육 2030' 프로젝트

OECD 국가들은 DeSeCo 프로젝트의 후속 작업으로 'OECD 교육 2030 프로젝트'를 추진하고 있다. OECD는 청소년들이 살아갈 미래 사회가 요구하는 핵심역량을 함양하기 위한 '교육 2030 프로젝트' 사업을 1단계로 2015년부터 본격적으로 추진하여 그동안의 연구를 통해 'OECD 교육 2030 학습 프레임워크' 시안을 2018년 초에 발표했으며, 최종안은 2018년 말에 발표할 예정이다. 'OECD 교육 2030 프레임워크'는 역량 개념의 정의와 역량 교육의 목적 및 과정을 알기 쉽게 보여주고 있다. 2019년부터 2단계로 프레임워크의 교육학, 평가 및 교육 시스템 설계를 탐구하기 시작할 것이다. 핵심역량 교육이 실행될 수 있도록 교육과정, 수업 방법, 평가 방법, 교육 환경 등의 연구가 계속될 것이다.[8]

OECD의 '교육 2030 학습 프레임워크' 시안에서 제시한 미래 사회

---

8. '교육과 기술의 미래교육 2030(The future of education and skills Education 2030)' http://www.oecd.org/education/2030/oecd-education-2030-position-paper.pdf

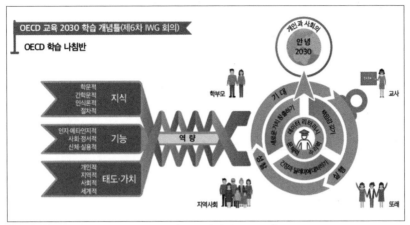

OECD 학습 프레임워크 2030[9]

에 필요한 핵심역량은 ▲새로운 가치 창출하기, ▲긴장과 딜레마에 대처하기, ▲책임감 갖기이다.

- ▲ **새로운 가치 창출하기** 창의적인 사고로 새로운 직업과 상품·서비스, 생활방식, 사회적 모델 등을 개발하는 역량
- ▲ **긴장과 딜레마 대처하기** 상호 의존적인 동시에 갈등이 존재하는 세계에서 개인과 가족, 지역사회의 웰빙을 위해 자신의 목적과 인식을 남들과 조화시키는 능력
- ▲ **책임감 갖기** 자신의 행동이 가져올 결과를 예측하고 그 위험과 보상을 평가하고, 이를 책임감 있게 수용하는 능력

---

9. 출처 https://blog.naver.com/moeblog/221237387890

OECD의 '교육 2030 학습 프레임워크' 시안은 역량을 지식, 기술(실행 능력), 가치 및 태도로 구성되는 포괄적 개념으로 정의하고 있다. 이러한 역량을 키우는 목적은 학생들 스스로 사회를 변화시키고 자신의 미래를 형성하는 주도적 학습자agency가 됨으로써 자신과 사회의 질 높은 삶을 추구하는 데 있다. 이를 위해 학생이 교사, 친구, 부모, 지역사회와 협력을 통해 문해력, 수리력, 데이터 활용 능력, 건강관리 능력, 디지털 활용 능력을 키우며 '새로운 가치 창조', '긴장과 딜레마에 대처', '책임감 갖기'에 필요한 역량을 함양하는 것이다. 이러한 프레임워크는 역량 교육이 지식 교육을 소홀히 하거나 경제적 목적에 치우치는 것을 경계하고 역량 교육과정에서 '학습자 주도성'이 매우 중요함을 강조하고 있다.[10] OECD는 '교육 2030 프로젝트'를 수행하는 과정에 정책 입안자, 학계 전문가, 학교 네트워크, 교사, 교육 지도자, 학생 및 사회의 파트너와 협력하여 프레임워크를 완성하겠다고 한다.

미래 핵심역량 교육과 새로운학교운동

OECD의 'DeSeCo 프로젝트'와 '교육 2030 프로젝트'에 비견할 만한 성공적인 프로젝트가 우리에게도 있다. 우리 교육에서도 역량 기반 교

---

10. 최상덕 외(2014), 「미래 인재 양성을 위한 핵심역량 교육 및 혁신적 학습 생태계 구축(II)」, 한국교육개발원. 출처: http://if-blog.tistory.com/8199 [교육부 공식 블로그]

육에 관심을 갖고 몇 년 전부터 일부 교육청에서 역량 기반 교육을 시도하고 있다. 2015년 개정 교육과정에서는 교육과정 목표에 반영하여 국가 수준에서 역량 기반 교육을 실시할 것을 명시하고 있다. 구체적인 교육과정과 프로그램으로 반영된 것은 2016년부터 실시된 중학교 1학년 자유학기제라 할 수 있다. 이처럼 상층에서는 세계적 흐름에 시늉이라도 내려고 하나 현장에서는 입시라는 블랙홀에 빠져 헤어나지 못하고 있다.

미래교육의 담론은 2015년 교육과정의 국가교육과정 목표의 문서에 명시적으로 역량 중심 교육을 강조하고 있다. 현장의 교육과정 실행은 선진국에서는 이미 폐기된 지 오래된 2차 산업사회의 교육 담론이 지배하고 있다. 자유학기제도 교사 역량이 뒷받침되지 못해 색다른 체험학습 프로그램 수준에서 시험 없는 학습이라는 개념에 머무르고 있는 실정이어서 학생과 학부모는 이중적 학습 부담만 껴안고 있다.[11]

우리 교육에서 미래교육 담론을 의미 있게 반영하여 교육혁신을 실천하고 있는 성공적인 프로젝트는 바로 새로운학교운동에서 비롯된 '혁신학교와 혁신교육'이다. 혁신학교는 미래교육의 담론인 OECD의 DeSeCo 프로젝트가 추진했던 미래 핵심역량 교육을 현장에서 실천하기 위해 노력하고 있다. 혁신학교의 혁신교육은 교사의 전문성과 자발성을 바탕으로 가능하다고 보고 전문적학습공동체에 많은 노력을 기울이며 교사의 전문성 제고의 성과를 바탕으로 혁신교육 기반을 만들고 있다. 혁신학

---

11. 학부모와 학생들은 자유학기제를 체험학습 프로그램으로 여기고 입시를 위한 학습은 개별적으로 해결하거나 학원에서 보충해야 한다고 생각하고 있다.

교운동이 단순히 진보 교육감들이 강조하는 공약이라서 확산되고 있다기보다는 학교와 지역에서 미래교육의 방향과 방법에 대한 전문적 역량을 가진 교사를 꾸준히 성장 발달시키려는 노력의 결과물이라고 할 수 있다. 혁신학교와 혁신교육은 우리 교육에서 거스를 수 없는 대세로 자리 잡고 큰 흐름을 형성하게 하였다. 혁신교육과 혁신학교운동은 5·31 교육체제를 극복할 수 있는 대안적 담론으로 현장에 뿌리내리고 있으며, 6·13선거에서 진보 교육감이 전국적인 대세로 압승을 거둔 것도 혁신교육과 혁신학교운동에 대한 국민적 호응이 있었기에 가능했다고 할 수 있을 것이다.

2030 교육체제 수립 과정과 절차

5·31교육체제를 극복하고 대안으로 새로운 교육체제를 수립하는 방향과 과제는 혁신학교와 혁신교육운동이 그 가능성을 보여주고 있다. 지난 10년간 혁신학교와 혁신교육운동이 현장 실천활동을 통해 만들어진 오늘의 성과는 OECD의 'DeSeCo 프로젝트'와 '교육 2030 프로젝트'를 수행하는 과정에서 보여준 경로와 그 방법이 매우 유사하다. 다만 수행 주체가 OECD의 'DeSeCo 프로젝트'와 '교육 2030 프로젝트'는 국가기구이고, 혁신학교와 혁신교육운동은 현장에서 실천운동을 주도한 교사라는 것이 다르다. 그리고 집행 주체가 OECD의 'DeSeCo 프로젝트'와 '교육 2030 프로젝트'는 국가기구이지만 혁신학교와 혁신교육운동은

교육청과 현장 실천활동가가 결합하고 있기에 학교현장에 빠른 속도로 뿌리내릴 수 있을 것이다. 게다가 지난 정부는 방해자였지만, 촛불혁명으로 탄생한 문재인 정부는 혁신학교와 혁신교육 전국 확대를 공약으로 출발했으므로 5·31교육체제의 대안적 교육체제로 사회적 합의의 가능성이 큰 교육혁신 방안이라고 할 수 있을 것이다.

미래 사회의 변화에 대응하는 새로운 교육체제 수립을 위해서는 미래교육에 대한 담론을 의제화하여 공론화 과정을 거쳐야 한다. 미래 사회의 변화, 직업과 일자리의 변화, 학력(역량)의 개념화, 개별 학습자의 변화, 신념과 가치의 변화 등 정확한 예측이 불가능한 2030년대를 살아갈 청소년을 위한 교육을 늦었지만 지금부터라도 얘기해야 한다.

3.
교육 담론과 의제화

참된 '교육'과 '학력'은 무엇인가

교사로 발령받은 첫해에 숭인여자중학교에서 2학년 담임을 맡았고, 이듬해에도 3학년이 된 그 아이들의 담임을 맡게 되었다.

첫날 교실에 들어갔는데 한 학생이 눈물을 주르르 흘리고 있었다. 2학년 때도 담임을 했던 최○숙이라는 학생이었다. 순간 당황했지만 그 학생이 우는 이유를 알 것 같았다. 자기 처지를 너무도 잘 알고 있는 담임을 또 만난 게 싫었던 것이다. 다른 아이들보다 나이가 한 살 많은 데다 반에서 꼴찌를 맡아놓고 하는 그 학생은 또래들에게 소외당하며 늘 침울한 상태에서 외톨이로 지냈다. 그러다 보니 다른 학생들과 어울리지도 못하고 누군가 건드리기만 하면 폭력적으로 대응하곤 했다. 청소 같은 개별적인 학급활동에는 누구보다도 성실하고 맡은 일에는 소홀함이 없지만, 수업 시간만 되면 지옥 같은 시간이었다. 기초학력 부진 역시 누적되어 아예 수업을 따라갈 수 없었다. 새 학년에서는 새롭게 출발하고 싶었을 텐데 이러한 상황을 너무도 속속들이 알고 있는 담임과 1년을 같이 지내야 하는 심정이 이해되었다.

첫 시간을 마치고 불러서 눈물을 닦아주고 달래고 다독거려주었지만, 그 아이의 심정을 생각하니 교사로서 마음이 아프고 괜히 눈시울이 뜨거워졌다. 2학년 때 어머님이 오셔서 상황 설명을 해주시고 배려를 부탁했기에 그 아이의 상황을 잘 알고 있었지만 교사로서 어찌해볼 도리가 없어 가슴이 아플 뿐이었다. 조부님이 한의원을 하시고, 아버지는 회사원, 어머니는 대학까지 나온 당시로선 엘리트 집안으로 언니 오빠도 명문대를 다니는 등, 가정환경은 소위 중산층 집안이었다. 그 아이가 학습부진아가 된 까닭은 어렸을 때 한약을 잘못 먹어 뇌 기능에 이상이 와 정상적으로 발달하지 못해 수업을 따라갈 수 없었던 것이다. 결국 학습부진이 누적되어 수업을 포기해야 하는 상황에 이르고 말았다. 당시 학생 수가 70명인 학급에서 그 아이의 학습부진을 개별적으로 신경 쓸 수 있는 상황이 아니었기에 더욱 가슴이 아팠다.

공부를 해도 안 되니 포기하고 그냥 학교나 졸업하겠다는 아이를 붙잡고 그러면 안 된다고 열심히 설득했다. 노력하는 자세가 더 중요하다고 격려했다. 심지어 매월 시험이 끝나면 꼴찌 성적표를 받고 눈물 흘리며 상심에 빠지는 그 애가 안타까워 성적표[12]를 조작하기도 했다. 첫 달은 70/70에서 다음 달은 69/70, 그다음은 68/70, 67/70… 봐라. 노력하니까 조금씩 올라가지 않느냐며 격려했다. 그 후 입시철이 되었다. 공부에 취미도 없고 해도 안 되니 고등학교 진학을 포기하고 미용학원에

---

12. 당시에는 성적표를 담임이 수기로 작성하였다.

다녀 미용사 자격증을 따서 살아가겠다는 아이를 그래도 고등학교는 나와야지 않겠느냐면서 어르고 달래기를 반복했다. 기어코 가지 않겠다는 애를 일단 시험이나 보고 나서 생각해보자며 상업계 고등학교에 합격을 시켰다. 마지막 등록을 앞두고 어머니와 함께 설득했지만 그 아이는 끝내 고등학교 진학을 포기했다.

이듬해 스승의 날, 그 아이는 매우 밝은 표정으로 음료수 박스를 들고 학교로 찾아왔다. 지난 1년 동안 미용학원을 다녀 미용사 자격증을 땄고, 지금은 강남의 미용실에 견습생으로 취직이 되었다고 자랑스럽게 얘기하였다. 그 아이는 성숙한 직장인이 되어 찾아와서는 내 월급이 얼마인지 물었다. "너는 얼마 받느냐"고 묻고는 그보다 조금 많다고 했다. 선생님이 걱정했던 것보다 잘 살고 있으니 안심하라고 전해주고 싶었던 모양이다. 몇 달 후에는 미용기술을 더 배우기 위해 일본으로 유학을 간다는 얘기를 자랑스럽게 전했다. 그 후로 연락이 끊겨 소식은 알 수 없으나 지금은 전문 헤어디자이너가 되어 중년 여인으로 잘 살아가고 있으리라. 그 아이는 당시 입시를 위한 학교 성적이 나빴을 뿐, 세상을 살아가는 진정한 의미의 '학력'[13]은 누구보다 좋았다는 생각을 왜 못했을까!

---

13. 청소 시간이면 다른 아이들 다 놀고 있는데 혼자서 교실을 다 쓸고 닦았으며, 명절날 아침이면 담임선생님이 숙직 근무를 한다는 것을 알고 명절 음식을 바리바리 싸 들고 숙직실로 찾아오는 등 책임감, 성실성, 인간성 등에서 다른 아이에 결코 뒤지지 않는 학생이었다.

담론의 부재

1980년대 그 당시에는 '학력'과 '학교체제'에 대한 어떤 담론이나 사회적 관심도 없어 교육은 학교에서 물결치는 대로 그냥 흘러가고 있었다. 지금 생각해보니 참으로 안타까운 현실이었다. 고등학교 체제는 실업계와 일반계로 나뉘어 일반계는 연합고사 성적으로 합격과 불합격이 결정되었다. 실업계는 도시 지역에서는 공업계와 상업계, 농어촌 지역은 농수산해양계가 있었다. 일반계는 평준화가 되어 연합고사만 통과하면 일정 수준 이상의 학생들이 대학 진학에 몰두하는 입시경쟁으로 몰리고 있었으며, 실업계는 계열별로 서열화되어 성적이 반에서 10% 이내인 학생에서 90% 이하의 꼴찌들만 다니는 학교까지 등급화되어 있었다. 실업계의 학과목과 교육과정이 획일화되어 성적과 가정환경에 따라 학교를 선택하고 소수의 상위권 학생들을 위해 들러리를 서야 하는 학교체제에서, 미용사가 꿈인 학생을 고등학교에 진학시키려는 헛된 노력을 교사의 열정이라는 허울과 명목으로 반복해야 했다.

그로부터 20여 년 뒤, 실업계 고등학교의 교육과정과 학교체제가 시대 흐름을 따라가지 못하자 개선 방안에 대한 오랜 논란 끝에 특성화 고등학교가 설립되고 전문적인 학과들이 만들어져 학생들이 그나마 자신의 꿈을 찾아갈 수 있는 숨통이 트이기 시작했다. 지금은 흔해 빠진 미용계열 고등학교가 그때 있었다면, 앞서 언급한 학생은 그런 아픔을 덜 겪으며 행복한 학교생활을 하지 않았을까.

왜 그때는 그런 생각을 하지 못했을까? 교육의 본질이 무엇인가, 참된 학력은 무엇인가, 학교체제를 어떻게 바꿀 것인가를 왜 생각하지 못했을까?

그때나 지금이나 우리 교육은 미래 세대의 아이들에게 필요한 교육의 본질, 학력, 학교체제, 교육과정, 교육 방법 등등 어느 것 하나 제대로 담론을 형성하고 사회적으로 의제화하지 못하고 있다. 고작 입시제도를 어떻게 고칠 것인가를 놓고 자기 요구와 이해에 빠져 갑론을박하고 있다.

2030 세대 교육은 어떻게?

2030 세대가 살아갈 미래 사회에 맞는 미래교육의 방향, 참된 학력, 학교체제 개혁 방안, 교육과정 개혁 방안, 요즘 아이들에게 맞는 교육 방법, 돌봄과 배움 등을 하나하나 찬찬히 공론의 장에서 논의하고, 대안을 찾는 담론을 만들고, 사회적인 의제화를 해야 한다. 그렇지 못하면 5·31교육체제에서 신음하고 죽어가는 우리 아이들을 살릴 길이 없다. 교육 관계자와 시민사회가 연대하고 협력하여 집단 지성으로 교육적 상상력을 발휘하여 미래교육 담론과 새로운 교육에 대한 사회적 의제를 제기해야 한다.

4.
교육론과 교사론

교단 시행착오 1-성공적인 교사론?

교직 인생 35년, 교사로서 가장 현명하게 행동했던 일화와 가장 후회스러운 시행착오 일화가 있다. 가장 현명하게 대처한 사례 이야기로 교사론을 시작하기로 한다.

교직 2년 차로 3학년 담임교사 시절 겪은 사건 이야기다. 여학생 ○○이 임신을 했다. 어느 날 ○○이의 친구가 다가와서는 "비밀 얘기가 있어서 선생님께 말씀드려야 할 것 같아 왔다"고 했다. 그러면서 다른 누구에게도 말하지 않았으니까 꼭 비밀을 지켜달라는 부탁과 함께 ○○이 고등학생 오빠와 어울리다 임신이 되었다는 충격적인 이야기를 전해주었다. 그 학생에게 이 사건을 자기와 그 아이만 알고 있다는 사실을 확인한 후 누구에게도 발설하지 말라고 당부했다. 그리고 나에게 먼저 알려주어서 고맙다는 말과 함께 돌려보내고는 이를 어떻게 처리할지 심각하게 고민하기 시작했다.

2학년 때 담임교사였기에 ○○이에 대해 잘 알고 있었다. 2학년 초에 부모가 이혼하고 얼마 되지 않아 아빠가 재혼하여 새엄마와 함께 사는데, 아빠에 대한 부정적인 감정으로 매우 반항적이며 어른들에 대한 불신으로 가득해서 남자 담임인 나에게도 저항적으로 행동하고, 자기에 대한 관심을 간섭으로 여기고 "제발 나를 내버려두라, 내 인생 내가 알아서 살 거니까 신경 쓰지 말아달라"며 반말투로 저항하였다. 끝내 사고를 친 이 녀석을 어떻게 수습해야 할지, 새 담임[14]에게 말해야 하나, 아니면 다른 여자 교사와 상의할까 고민이 이만저만이 아니었다.

고심 끝에 누구에게 얘기해도 당사자인 그 아이한테는 결코 도움이 되거나 이로울 게 없다는 판단을 내리고 아이 아버지를 만나 자초지종을 얘기했다. "학교에서는 저만 알고 있을 테니까 아버님 판단에 전적으로 맡기겠다"라고 말씀드렸다. 그 후 그 학생은 무난하게 중학교를 졸업하고 고등학교에 진학하였으며, 고등학교 졸업 후 사회에 나가 직장 생활을 하고, 결혼하여 아이를 낳고, 아이들이 중고등학교에 다니는 학부모가 되어 지극히 정상적인 삶을 살고 있다. 요즘도 가끔 만나지만 그 친구는 아직도 내가 그 사실을 알고 있는 걸 모른다. 그저 평범한 교사와 제자의 만남일 뿐이다. 그때 만약 주위 사람들에게 발설했더라면 자칫 한 사람의 인생을 망쳐놓을 수도 있었는데 결과적으로 볼 때 잘 처리했다고 스스로 위로하고 있다.

---

14. ○○이의 담임은 사립에서 공립으로 전근해 온 50대 후반의 교사였다.

교단 시행착오 2-실패한 교사론?

교사로서 가장 부끄럽고 치명적인 시행착오는 5년간 해직되었다가 1994년 복직하던 해에 일어난 일이다. 장기간 교단을 떠나 있다가 복직한 교사로 그동안의 변화를 따라가기 힘들었던 시기에 아이들과 소통을 통해 문제를 풀어가려는 소박한 생각이 오히려 아이들과 멀어지게 한 사건이다. 학교 주변 주택가에서 흡연하다가 주민의 신고로 경찰에 잡혀 온 소위 '일진회' 16명 학생을 처리하는 문제였다. 학교에서 선도위원회를 열어 처벌하는 방법 외에는 달리 방도가 없었다. 고민 끝에 처벌을 유예하고 금연학교에 보내 실질적인 금연교육을 하겠다는 야심찬 프로젝트를 자임해서 하기로 했다. 1주일간(6일) 오전 수업만 하고 서울시교육청 학교보건원에서 운영하는 금연학교에서 오후 4시간씩 프로그램에 참여하도록 했다. 오전 4시간 수업을 하고 일진회를 인솔하여 금연학교 프로그램에 함께 참여했다.

당시 학교마다 골칫거리였던 일진회 문제를 나름 해결하겠다는 야심찬 프로젝트는 토요일 수료식까지는 그런대로 잘되는 것으로 착각했을 정도로 순조로웠다. 아이들과도 어느 정도 소통이 되는 줄 알았다. 토요일 수료식 마지막 프로그램 촛불의식 때 아이들과 금연 의지를 다짐하기도 했다. 16명 중에 14명이 금연을 하거나 금연을 위해 노력하겠다는 의지를 밝히고, 2명은 '노력은 해보겠지만 자신이 없다'고 할 만큼 나름 성공했다고 생각했다.

그러한 기대는 이틀 후 그다음 주 월요일에 여지없이 무너지고 말았

다. 일진회 멤버 16명 전원이 주택가에서 담배를 피우다 다시 잡혀 온
것이다. 교사로서 평정심을 잃고 아이들을 무섭게 매질하며 울분을 터
트리고 말았다. 그 후 일진회와는 졸업할 때까지 소통 관계는커녕 충돌
관계가 되었다. 녀석들은 졸업식 후 앨범 뒤에 있는 전화번호로 집에 있
던 우리 어린 아들에게 무자비한 협박 전화까지 했다. 결국 그들과의 관
계는 그렇게 끝나고 말았다.

아이 한 명을 변화시키는 일이 프로그램 하나와 교사의 열정만으로
가능하다는, 무모하고 순진한 교사론에 의해 저질러진 시행착오였다. 당
시 학생생활지도부장이 쉽지 않은 일이니 기대하지 말라고 했지만, 그
정도까지 될 줄 몰랐었다.

OECD 교육 2030 프로젝트 교사론

2030 세대를 교육해야 할 새로운 시대의 교육론과 교사론은 무엇이
어야 하는가? 다시 본질적인 물음으로 돌아가야 한다. 5·31교육체제의
교육론과 교사론을 대체하는 교육론과 교사론을 세워야 한다. 미래 사
회의 청소년을 교육하는 미래교육을 주도할 교육 담론과 교육학적 담론
을 논의해야 한다.

OECD의 DeSeCo 프로젝트가 제시한 미래 핵심역량을 기반으로 한
OECD 교육 2030 프로젝트는 '미래 사회를 살아갈 수 있고 미래 사회
를 변화시킬 수 있는 역량transformative competencies'을 세 가지 핵심역량

으로 분류했다. 새로운 가치 창출하기, 긴장과 딜레마에 대처하기, 책임감 갖기로 규정하고, 미래를 위해 가장 잘 준비된 변화의 주체agent인 학생들에게 실제 지식, 기술, 태도 및 가치에 대한 광범위한 학습이 필요하다고 했다.

미래 사회의 학생들은 폭넓고 전문적인 학문 지식, 간학문적 지식, 인식론적 지식, 절차적 지식을 터득할 수 있도록 가르칠 수 있는 교사의 전문적 역량이 필요하다고 한다.

또한 학생들은 잘 알지 못하고 변화하는 미래 사회에서 지식을 적용할 수 있는 광범위한 기술에 대한 인지 및 메타인지 능력, 사회 및 정서적 기술, 실용적이고 실제적 기술을 학습해야 하고, 이러한 광범위한 지식과 기술의 사용은 태도와 가치에 대처하는 능력(동기, 신뢰, 다양성과 덕성에 대한 존중), 삶의 다양한 문화적 시각과 성격 특성에서 비롯된 가치와 태도의 다양성과 타협할 수 있는 인간의 가치(삶과 인간의 존엄성, 환경에 대한 존중 등)를 학습하도록 안내할 수 있는 교사의 전문적 역량 또한 필요하다고 한다.[15]

교사론 1-5·31교육체제의 교사론

세계적인 흐름의 교사론은 미래를 향해 저만큼 나아가고 있는데 우

---

15. 출처: https://blog.naver.com/moeblog/221237387890

리 교육의 교사론은 학급 담임으로서의 교사, 판단자로서의 교사, 지적 자원으로서의 교사, 학습조력자로서의 교사, 심판자로서의 교사, 훈육자로서의 교사, 롤 모델로서의 교사, 불안 제거자로서의 교사, 자아 옹호자로서의 교사, 집단 지도자로서의 교사, 친구로서의 교사, 적대감 표현 대상으로서의 교사 등[16] 노량진 임용고사 학원에서 예비교사에게 가르치고 있는 교사상이다. 이는 교육현장에서 실제로 구현되고 있는 교사상으로 매우 적확한 모습을 잘 보여주고 있는 우리의 교사상이 틀림없다.

그런데 자세히 뜯어보니 이는 5·31교육체제에서 추구하는 교사상이다. 경쟁과 효율성을 극대화시키는 입시와 경쟁에서 살아남는 법을 세련되게 훈련시키는 조련사의 역할로는 매우 훌륭한 교사상이다. 그런데 이 교사론 어디에서도 미래 사회의 변화된 삶의 태도와 가치, 미래 사회를 살아갈 수 있는 역량을 가르치는 내용은 찾아볼 수 없다. 더구나 5·31교육체제의 교사상에도 못 미치는, 능력이 부족하다 해서 학부모로부터 신뢰를 받지 못해 교사들이 학부모에게 배척당하고 있는 게 교단의 현실이다.

교사론 2 - 전문적학습공동체 교사론

우리 교단의 현실이 비관적인 것만은 아니다. 우리 교육현장에서도 미

---

16. 출처: http://cafe.daum.net/study-plan/Ra5y/362?q

래교육 담론과 미래 사회를 살아갈 2030 세대를 위한 교육활동을 꾸준히 실천하고 있는 교사들이 있다. 바로 혁신학교와 혁신교육을 위해 노력하고 있는 교사들이다. 이들이 실천적으로 만들어낸 교사론은 전문적 학습공동체론에 입각한 혁신 교사상이다. 미래 핵심역량을 학습시키고 자신들도 끊임없이 학습하여 학습 전문가로서 성장하기 위해 노력하고 실천하는 학습 전문가로서의 교사상이다.[17]

이들이 추구하는 교사상은 단위학교 교원들이 동료성을 바탕으로 함께 수업을 개발(공동연구)하고, 함께 실천(공동실천)하며, 교육활동에 대해 대화하고 협의하는 과정에서 함께 성장(집단성장)하는 학습공동체를 통해 전문가로 성장하는 교사상이다. 전문적학습공동체는 학교문화 개선, 학습공동체로의 학교조직 개선, 교원의 전문성을 집단적으로 성장시키려는 목적으로 만들어진 자발적인 교사공동체이다. 이들은 학교 안에서 수업연구회와 교과연구회를 만들어 수업을 혁신하기 위해 교육과정을 재구성하여 수업 프로그램을 짜고 실천하는 활동을 자발적으로 전개하고, 학교 밖에서는 지역이나 시·도 단위의 연구회를 만들어 공동연구와 공동 실천활동을 하며 서로 교류하고 공유하는 활동을 통해 전문가로서의 교사로 성장 발전을 꾀하고 있다.

---

17. 전문적학습공동체론의 기원은 로티(Lortie, 1975)의 『교직과 교사』에서 출발했다. 교직 사회의 개인주의, 보수주의, 현재주의를 없애기 위한 방안으로 제기한 교직문화 개선 방안이다.

교육과정 전문가로서의 교사론

교사의 전문성은 교육과정을 재구성하고 상황과 조건에 맞게 학습을 재구성하여 실천할 수 있는 구상 능력이다. 즉 미래 세대에게 미래 사회를 살아갈 수 있는 역량을 키워줄 수 있는 교육과정으로 재구성하여 학생들에게 교육 내용을 효과적으로 제시하고 효과적인 학습을 도와주는 기법을 구상할 수 있는 능력이다. 학생의 특성과 학습 여건에 따라 적절한 학습법을 상황에 맞게 제시하는 능력이 바로 교사의 전문성이다.

미래 사회를 향한 교사의 전문성에서 중요한 것은 무엇인가. 교육과정을 재구성하고 학습 프로그램을 재구성하여 실행할 때 OECD의 '교육 2030 프레임워크'에서 제시한 미래 핵심역량에 필요한 지식과 기술도 중요하지만, 미래 사회에 적응하고 상호작용하기 위해서는 태도와 가치를 학습하기 위한 전문성이 더 중요하다. 즉 미래 역량에 대한 지식과 기술과 같은 내용을 학습하는 방법론보다 지식과 기술을 현실 사회에서 삶으로 풀어내려면 태도와 가치가 중요한 것이다.

다양한 태도와 가치를 인정하고 서로 조정하고 대처하는 협업 능력과 공동체적인 가치를 존중하는 능력을 학습하도록 교육과정을 재구성하고 학습활동을 구상하여 실천할 수 있는 교사의 전문성을 성장 발달시키는 교사론이 필요하다.

'21세기 아이들에게 20세기 교사가 19세기 교실에서 가르치고 있다'는 말이 있다. 우리 교육의 낙후성을 풍자한 이 말로 집약되는 한국의 교육 현실에서 벗어나, 20세기 교사론이 아닌 21세기의 '2030 교사론'을 시급하게 세우는 것이 혁신교육을 앞당기는 길이다.

혁신교육은 철저한 기초교육부터

교육론에서 학습 소외자를 위한 교육도 중요하지만 애초부터 학습 소외자가 나오지 않도록 하는 근본적인 대책은 기초교육이다. 미래 역량 교육이나 혁신교육에서도 기초교육이 전제되어야 한다. 기초교육이 안 된 상태에서는 어떤 교육 프로그램이나 교육적 처방도 실효성이 없다. 기초교육은 저학년에서부터 핀란드처럼 단 한 명의 낙오자도 나오지 않게 하는 교육체제를 만들어야 한다.

필자가 초기 혁신학교의 교육론을 정립할 때 매우 강조했음에도 혁신학교에서도 아직 기초교육이 미흡한 실정이다. 하물며 일반 학교의 기초교육은 어찌 되고 있겠는가? 읽기, 쓰기, 말하기, 셈하기의 기초교육은 더 이상 방치되어서는 안 된다.

5.

미래교육과 학생관

미래교육은 변화하는 학생을 이해해야

학생관은 교육관에서 비롯되며 교사론을 결정한다고 한다. 학생을 어떻게 볼 것인가? 학생은 어떻게 성장하는가? 학생은 무엇을 원하는가? 학생에게 친구란 무엇인가? 미래 사회의 학생은 어떻게 변할 것인가? 이런 질문에 어떻게 답하느냐에 따라 교사가 학생에게 접근하는 자세가 달라진다. 또 교사 자신의 의식과 상관없이 교사의 삶에 내면화된 성향과 기질이 학생과 만나는 방법을 결정짓기도 한다.

1998년부터 우리 교육현장에서는 집단따돌림(일명 왕따) 현상이 만연했다. 교육현장에서는 이를 교실 붕괴 현상으로 보았고, 사회적으로 쟁점화되어 학생들의 문화적 현상과 '병리현상'에 대한 대책 마련에 온 사회가 부심하기도 했다. 그러던 무렵, 학생생활연구회는 올바른 학생관과 학생자치 활성화를 대안으로 제시하며 담론을 주도했다. 이 과정에서 학생생활연구회는 많은 연구와 집단 토론을 통해 학생관을 다음과 같이 정리했다.[18]

1. 학생은 교육의 대상이 아닌, 교육의 주체이다.
2. 학생은 환경의 결과물이지만, 환경 극복을 통한 자기 성장을 희망한다.
3. 학생은 경험과 집단적 체험을 통해 자기 자아상을 결정한다.
4. 패배자의 당당한 삶에 대해서도 가르쳐야 한다.
5. 올바른 학생관은 학생자치와 자치공동체 교육에서 출발한다.

학생들의 문화와 특성은 매우 빠른 속도로 변화가 일어나는데 교사나 어른들은 고전적인 시각으로 보기 때문에 괴리현상이 나타난다. 이 괴리된 학생관 때문에 교육현장에서 충돌과 저항, 일탈과 통제가 반복되고 있다. 학생들은 문화의 주체로서 소비자이면서 창조자로 변화하여 시대적으로 앞서가는데, 어른들은 이러한 학생들을 대상화하여 미성숙한 개체로 여겨 욕망의 절제와 통제의 객체로 보기 때문에 때로는 지나치거나 부정적으로 보이는 문화 현상을 '일탈'이나 '병리현상'으로 규정하게 된다.

청소년 문화 이해해야

사회 · 문화의 변화에서 나타나는 특성을 가장 먼저 수용하여 새로운

---

18. 김경욱(2003), 「학생을 어떻게 볼 것인가」, 『학생생활연구회 자료집』.

문화 현상으로 발현하는 것이 청소년기의 특성 중 하나다. 그러한 청소년의 특성이 잘 드러난 문화 현상인 만화, 게임, 인터넷, 휴대폰 같은 새로운 매체가 등장할 때마다 유행하는 문화를 만들어 몰입하는 현상이 계속되고 있다.

청소년들의 이러한 문화 현상은 늘 기성세대와 충돌하면서 '일탈된 문화'로 규정되어 금기시되다가 결국 주류 문화로 편입되곤 한다. 대표적인 사례가 '만화'다. '만화'는 '문자'와 '영상' 매체 못지않게 현대인이 즐기는 필수 불가결한 창작 매체가 되어 교육에서도 광범위하게 활용되는 시대가 되었다. 그런데 처음부터 주류 문화로 편입된 것이 아니다. 7차 교육과정 이전까지는 학교에서 만화를 본다거나 교육에 활용하는 것이 금기시되었으며, 학교에서 몰래 만화를 보다 걸리면 처벌을 받는 등 소위 '일탈 행동'으로 분류되었다. 1990년대까지 교육현장에서 흔히 볼 수 있던 모습이었다.

필자의 초등학교와 중학교 1년 선배 중에 성적이 우수한 모범생이 한 명 있었다. 그는 가방 속에 만화를 넣고 다니다가 발각되어 문제아로 찍혀 학교에서는 교사와 집에서는 부모와 갈등하다가 끝내 스스로 목숨까지 끊는 극단적인 사태로 치달았다. 반면, 부모가 만화가게를 한 덕택에 중고등학교 시절 만화를 실컷 보면서 성장해서 명문대 미술대학에 진학해 우리나라 이름난 만화가가 된 경우도 있었다.[19]

그런데 지금은 어떠한가? 초중등학교에서는 만화 동아리가 최고 인기

---

19. 현재 대학에서 학생들을 가르치며 교수로 있다. 이 이야기는 본인이 직접 얘기한 내용이다.

동아리가 되었으며, 국어는 물론 각종 교과서에서 만화는 없어서는 안될 중요한 매체로 자리 잡았다. 특성화고와 대학에는 만화 관련 학과가 셀 수 없을 만큼 많이 개설되었다. 당시 만화를 왜 그토록 부정적으로 대했을까? 여기에는 두 가지 이유가 있었다. 미래 사회에 만화가 중요한 매체가 되리라고 상상하지 못했고, 청소년들의 문화적 특성을 이해하지 못한 채 잘못된 학생관으로 바라봤기 때문이다.

지금도 비슷한 현상이 교육현장에서 매일 일어나고 있다. 학생들의 휴대폰 사용 문제, 흡연 학생에 대한 처리, 두발과 용모 단속, 교복 착용 문제, 여학생의 화장 문제, 학교에서의 이성교제 등 교육과는 직접 관련이 없는 학생 개인의 취향과 표현 욕구인 비본질적인 문제로 학생과 교사가 갈등하고 통제하느라 교사의 에너지만 소진하고 있다. 오히려 교육에서 매우 중요한 소통을 방해하고 신뢰를 저해하고 있는 셈이다.

미디어 리터러시 방해하는 학교문화

휴대폰 사용 문제만 해도 그렇다. 휴대폰은 인류가 낳은 최고의 문명의 이기이며 종합 매체로 오늘날 없어서는 안 될 필수품이다. 그런데도 일부 부정적인 폐해를 빌미로 교육활동에서 금지 품목이 되어 활용하지 못하고 있다. OECD의 DeSeCo 프로젝트에서 제시한 3대 미래 핵심역량 중 하나인 '도구 활용하기'에 역행하는 전근대적 학생관에서 벗어나지 못한 가운데 '효율적인 학습을 저해하는 기기'로 인식되고 있다. 휴대폰은 즉석에서 수많은 정보와 자료를 찾아 학습에 활용해야 하는 텍스트임에도 금지의 덫에 걸려 있다. 사용 방법과 사용 예절을 적극적으로 안내하고, 수업 시간에 활용하는 법을 가르쳐야 하고, 많은 사람과 제대로 소통하는 법을 가르쳐야 함에도, 예전의 만화처럼 수난을 겪는 등 학습권이 침해당하고 있다.

위의 여러 가지 문제들을 찬찬히 들여다보면 아무 문제가 없는 일인데도 근대 산업사회에서 비롯된 그릇된 학생관에 의해 학생을 미성숙한 학습의 대상자로 규정하고 동물 조련하듯 훈련시키며 통제하고 있다. 전근대적인 행동주의심리학 학습이론인 S-R 이론[20]에서 한 치도 못 벗어난 학생관이 근절되지 않고 계속되고 있다.

비본질적인 문제로 갈등하는 학교문화

흡연 문제, 두발과 용모 단속, 교복 착용 문제, 여학생의 화장 문제, 학교에서의 이성교제 문제 등은 우리 교육에서 학생과 교사가 끊임없이 충돌하는 문제였지만, 해결되거나 해결될 가능성이 있는가? 비본질적인 문제로 학생과 교사를 갈라놓은 일들 때문에 얼마나 많은 학생이 상처받고 얼마나 많은 교사가 쓸데없는 문제에 시달렸는가! 정작 교육에 쏟아야 할 에너지를 소진하여 교육활동에는 얼마나 힘들어하는가! 시대

---

20. 학습은 어떤 자극(stimulus)에 어떤 반응(response)이 결합하는 것이라고 하는 행동주의심리학의 학습이론이다.

에 맞지 않는 학생관에 묶여서 교육적 상상력은 꿈도 꾸지 못하는 것이 아닌가?

스웨덴의 고등학교를 방문했을 때, 교정에 비치된 스모킹 존에서 여학생 몇 명이 태연하게 흡연하는 것을 보았다. 지나가던 교장 선생님과 교사들이 이를 자연스럽게 받아들이는 모습을 우리 일행은 경이롭게 바라보며 그 학생들이 부럽기까지 했다. 우리 교육현장에서는 상상할 수 없는 모습이다. 이제 우리도 학교에서 그런 상상력을 발휘해야 한다. 우리 학생들도 존중받아야 할 존재임을 인정하고, 미래교육의 주역은 학생이라는 관점을 명확하게 인정하는 학생관을 교육적 상상력으로 다시 세워야 한다.

6.
학부모와 시민사회의 교육론

자녀교육 어떻게 해야 하나

나는 게임세대는 아니라서, 해본 게임도 많지 않으니 몽땅 다 써도 10개가 되려나? 그래도 써보면, 역시 1번은 벽돌깨기, 2번 테트리스… 나는 갤러그는 다섯 번도 안 해봤고, 게임방에 가서 게임해본 적은 DDR 하려고 두어 번?

3번 파렌드 택틱스. 그래서 이 게임이야말로 소위 게임의 세계에 발을 들이민 최초의 게임이다. 컴퓨터를 사고 난 다음 게임에 빠져드는 딸에게 거금을 들여 사준 첫 번째 게임이다. 롤플레잉게임은 소위 엔딩이란 게 있는데, 이 엔딩을 보려고 밤새워 게임을 하는 딸을 어마무시하게 내버려두었더라는. 심지어 학교 갈 시간이 되었는데 엔딩을 못 보게 되자, "괜찮아, 결석해도 돼"라고 대범하게 ㅋㅋㅋ

그때 딸의 제안, "엄마가 이어서 해. 학교 다녀올 테니까."

이렇게 해서 둘이 각각 엔딩을 볼 수 있을 때까지 몇 박 며칠씩 몰입했던 게임이다. 엔딩 화면에 펼쳐지는 구름 위 풍경, 선과 악이 분명치 않은 캐릭터들 등 게임의 서사에 대해 나름 공부를 많이 한 게임이다.

아이 훈육하기의 교과서에 신기엔 딸도 나도 좀 특이한 캐릭터들이었긴 하지만, 그래도 나의 훈육법을 자랑할 만한 대목이라고 생각한다. "직성이 풀리게 하고 싶은 대로 냅둬도 됩니다. 단, 엄마랑 아빠도 같은 게임을 한 번씩은 해보세요"라고 주변에 조언하곤 했다.

게임 얘기하다 생각난 건데, 상황이나 아이의 특성이 다른 집과 달라서 일률적으로 권할 수는 없지만, 나는 아이에게 자율의 범주를 굉장히 넓게 주며 키운 편이다. 나도 그런 식으로 컸다. 파출소에 잡혀가도 빼내주지 않겠다는 정도 수준? 내가 알아서 내 행동의 자유의 경계를 설정해야 한다는 것은 어린 마음엔 너무 큰 부담이었고.

내 능력이 허락하는 만큼 잘할 수 있는 거지, 부모가 도와준다는 건 있을 수 없는 일이라는-말은 그럴싸하지만, 과외 안 시켜주고 학교에 촌지 들고 안 나타나고 등등, 과외와 촌지가 등수와 진학을 결정하다시피 하던 시절에 내가 그렇게 자랐다는-태도를 지니다 보니 딸이 학생회장이 되었는데도 회장 엄마 노릇을 못 하겠더라고.

하여간 나는 아이에게 바라는 삶에 대한 그림을 아예 안 그렸다. 조금이라도 그려놓으면 부담 줄까 봐서다. 어차피 자기 인생이잖아. 대신 뭘 하더라도 안데르센 동화에 나오는 소 한 마리와 썩은 사과를 맞바꾼 영감님의 마나님처럼, "어머나, 어쩌면 그런 생각을 다 하다니 대단하다!"라는 식으로 대하기로 했다. 애가 제대로 못하는 게 있으면 이솝의 신포도 전략을 구사했다. "까짓것 안 해도 돼. 네가 잘하는 게 얼마나 많은데."

이런 태도가 아이에게 스트레스가 된 적도 있다. 성적이 좀 떨어지자 속상해하는 아이에게 말했다. "괜찮아. ○○대 안 가도 돼."

사실 이럴 때는 "얼마나 속상하겠니. 하지만 너는 할 수 있으니 좀 쉬고 다시 시작해봐"라고 해야 한다.

그래도 역시 나는, 아이의 일거수일투족에 무조건 '좋다 무조건 잘한다'는 태도를 고수했다. 물론 남을 괴롭히거나 잔인하게 구는 일이 벌어졌다면 '세상에서 가장 무서운 엄마란 이런 것'이라는 맛을 좀 봤겠지만, 어려서부터 보이지 않는 엄마의 윤리적 기준이란 걸 살짝살짝 맛본 딸은 스스로에게 엄격했다. 나와 딸의 가치기준이 달라서 발생하는 문제에서는 "딸이 아직 어려서 몰라서 저런다"는 식의 생각은 애써 눌렀다. 내가 우리 부모와 전혀 다른 세상에서 사는데, 더 빠른 속도로 변하는 세상에서 딸에게 내가 올바른 삶의 방향을 어찌 가르칠 수 있단 말인가. 지가 헤쳐나갈 능력을 기르는 게 더 중요하지. 그러려면 자기 스스로 겪어야 하는 거지.

아주아주 엉망이 되어버릴 때 "엄마 여기 있어. 돌아보고 엄마한테 와서 안겨"라고 할 준비나 딱 하고 늘 기다렸다.

훗, 24개월쯤 지난 아이 혼자 정육점이나 동네 가게에 심부름 보내고 멀리서 구경했다는 건 내가 생각해도 용감하기 짝이 없는 일들이다.

결과적으로 잘 커준 덕분에(잘 크는 게 뭔지는 잘 모르겠는데) 이런 얘기도 하는 거지만, 난 또 이리 키우면 대체로 잘 큰다고 하고는 싶어져. 엄마도 같이 크는 거야.[21]

노혜경 시인이 자신의 페북 담벼락에 부담 없이 적은 이 글은 자녀교육에 대해 많은 것을 생각하게 한다. 부모로부터 물려받은 교육적 자산과 이력이 자기 자녀의 교육에 어떻게 영향을 주는지 알 수 있게 한다. 현실의 그 자녀가 어떻게 교육받고 어떻게 살고 있는지 전혀 모르는 사람도 그 자녀가 어떻게 교육받고 지금은 어떻게 살고 있는지를 충분히 짐작할 수 있게 한다. 물론 본인도 얘기했듯이 다 바람직하고 올바른 교육 방법이었다고는 할 수 없을지도 모른다. 그러나 한 가지 분명하게 보여주는 것은, 자녀교육에 대한 명확한 자기 신념이 있으며 자녀 성장기에 그것을 일관되게 관철하고 있다는 점이다.

이중적(양가적)인 자녀교육론

우리는 학부모로서, 시민사회의 일원으로서 자녀교육에 대한 명확한

---

21. 노혜경 님 페북(2018. 6. 7).https://www.facebook.com/madraine/posts/2060 523543989509?comment_id=2070804256294771&notif_id=1528940960377673& notif_t=feedback_reaction_generic

신념과 확신이 일관되게 실천으로 이어지고 있는지 자문해봐야 하지 않을까? 학부모운동과 교육시민사회운동의 활동가들마저도 우리 사회의 교육관과 자기 자녀에 대한 교육관이 이중적이거나 시류에 편승해 오락가락하고 있지 않은지 되짚어봐야 한다. 학벌 경쟁사회에서 살아갈 자기 자녀가 학벌 사회로 진입할 수밖에 없는 딜레마 상황은 어쩔 수 없다 하더라도 삶의 방식, 태도, 자세에 대한 교육철학이 있는지-거창하게 교육철학까지는 아니라도- 일관된 방침이나 기준이 있는지 지금이라도 고민해야 한다.

5·31교육체제 교육론, 언제까지?

학부모와 시민사회에는 다양한 조직이 만들어지고 그 활동 역시 다양하게 분화·발전해왔다. 학부모운동 조직과 교육시민사회운동 조직은 교육감 직선제가 실시되면서 각 조직의 요구를 공약으로 제안하고 협약을 체결하는 등 적극적으로 반영하고, 선거에 직접 개입하는 조직들도 있었다. 교육감의 교육행정과 교육정책 수립 활동에 직접 참여하는 거버넌스를 통해 자기 조직의 교육적 요구를 관철하기 위한 활동도 활발해졌다.

하지만 이런 요구와 거버넌스 활동은 현실의 교육 현안이나 미시적인 교육정책에 대한 것이 대부분이며, 우리 교육이 나아가야 할 방향이나 교육 패러다임을 전환하는 큰 그림을 그리는 담론 투쟁이나 사회적 의제화에는 못 미치고 있다. 5·31교육체제를 벗어나 새로운 교육체제를 건설하는 담론으로 나아가지 못하고 지역 교육 현안과 미시적 교육정책에 대한 찬반 논란에 빠져 5·31교육체제 내의 효율성 문제에 머무르고, 결국 5·31교육체제에 포섭되는 결과를 초래하게 되었다. 대표적인 사례가 이번 입시제도 개편 논란에서 학부모와 교육시민사회는 효율성과 공정성 논란에 빠져 학생생활기록부와 수능, 수능의 절대평가와 상대평가 중 어느 것이 공정하고 효율적인가 하는 논쟁에서 벗어나지 못하다 보니 결과적으로 고등학교 교육 정상화는 실종되었으며, 5·31교육체제 아래 입시경쟁의 교육 변화 가능성은 희박해지고 말았다.

온 마을이 나서야 교육이 산다

학부모와 시민사회는 내 자녀와 내 지역과 계층의 이해와 요구를 기반으로 한 미시적 정책에 대한 찬반 논란에만 머물러서는 안 된다. 미래 사회를 이끌어갈 2030 세대가 살아갈 교육의 방향, 교육과정, 학교체제 등 거시적 담론에 관심을 두고 지역과 시민사회 영역에서 지속적인 담론을 만들어야 한다. 학부모와 시민들로부터 지지를 받을 수 있는 교육을 과감하게 추진해나가야 한다.

지금이야말로 학부모와 시민사회가 촛불혁명에서 발휘된 성숙한 시민의식과, 세계를 놀라게 한 촛불 시민의 무한한 상상력과 교육적 상상력을 마음껏 펼쳐야 할 때다. 그리하여 우리 교육의 큰 그림을 다시 그려야 할 것이다.

4장

새로운 교육체제의 방향과 과제

1.
새로운 교육체제 추진 과제와 방안

촛불의 시대적 요구는 새로운 교육체제 수립

촛불혁명은 일제강점기의 잔재로부터 해방 이후 한국 사회를 지배해온 분단체제와 독재체제로 이어지는 과정에서 쌓인 반민주적 억압과 경제개발 과정에서 파생된 재벌 중심의 경제체제로 인한 불평등과 사회 양극화 등 우리 사회 전반에 만연한 각종 적폐를 청산하고 나라다운 나라를 만들어야 한다는 시민들의 아래로부터 요구가 분출한 일대 사건이었다. 촛불혁명의 정신은 우리 사회를 촛불 이전과 촛불 이후로 나누며, 촛불 이전의 야만의 시대를 청산하고 새로운 체제를 건설해야 한다는 시대적 요구로 집약되었다.

독일 철학자 아도르노는 나치의 야만을 극복·청산하기 위해 '아우슈비츠 이후의 교육'을 주장했다. 나치 시대에 대한 사회 전체적 반성의 필요성을 역설한 것이다. 독일의 민주시민교육은 부끄러운 과거사를 끊임없이 상기시킨다. 그 논의 과정에서 죄의식을 가진 인간, 부끄러움을 지닌 인간, 즉 새로운 인간형을 모색하는 것이다. 아도르노는 반권위주의적 인간, 민주주의적 인간형을 길러내는 저항권 교육, 비판적 시민의식 형성 교육이 필요하다고 주장한다.[1]

촛불혁명의 시작은 국정농단을 자행한 정권의 퇴진으로 이어졌고, 그로 인해 새로운 사회를 건설해야 한다는 시민들의 다양한 요구가 분출되었다.

교육부는 촛불의 시대적 요구를 실현하고 있는가?

박근혜정권퇴진비상국민행동은 촛불집회에서 분출한 각계각층 시민의 다양한 요구를 모아서 총 10개 분야로 집약한 '촛불 개혁 과제'를 제시했다. 여기에는 ▲재벌체제 개혁, ▲공안통치기구 개혁, ▲정치·선거제도 개혁, ▲좋은 일자리·노동기본권, ▲사회복지·사회 공공성 강화 및 생존권 보장, ▲성평등, 평등권 실현과 사회적 소수자 권리, ▲남북관계·외교안보정책 개혁, ▲위험사회 구조개혁, ▲교육 불평등 개혁과 교육 공공성 강화, ▲언론개혁과 자유권 보장 등 총 10개 분야에 100대 과제[2]가 담겨 있다. 촛불 이후 탄생한 문재인 정권은 이러한 요구를 담아서 10개 분야 100대 과제를 공약으로 받아들여 촛불정권이 탄생하

---

1. 은우근, 「촛불 이후의 교육」, 『한겨레』 2018년 3월 28일 자.
2. 박근혜정권퇴진비상국민행동은 2017년 3월 11일 오후 2시경 서울 종로구 세종문화회관 앞에서 기자회견을 통해 '2017 촛불권리선언'을 발표했다. 이 선언에는 시민들이 직접 토론하고 제시한 정치·경제·사회·문화 등 10개 분야에 대한 개혁 요구 사항이 담겨 있다.

였다.

그중에서 교육 불평등 개혁과 교육 공공성 강화 분야는 다음과 같다.

① 학력차별 철폐(고용/승진/임금차별 금지)·학벌 폐지(학교평준화)

② 고등학교까지 무상교육 실현, 반값 대학등록금 실현

③ 특권경쟁교육 폐지 및 평등교육 실현(초중등교육법 개정)

④ 고등교육예산 GDP 대비 1% 이상 확보 및 고등교육재정교부금법 제정

⑤ 입시폐지·대학평준화 및 국공립대통합네트워크 구성

⑥ 비리부실 사학재단 퇴출과 공영화 및 사립학교법 민주적 개정

⑦ 비정규직 철폐와 직접고용으로 '비정규직 없는 학교' 실현

⑧ 교수·교사 확보율 정규직 100% 확보 의무화

⑨ 시간강사법 폐지와 각종 비정규 교수제도를 통합한 연구강의교수 제 도입

촛불혁명에 의해 적폐 세력이 물러나고 새로운 정권이 탄생했으며, 촛불 정신을 이어받은 새로운 정권이 그동안 촛불개혁과 적폐 청산 작업을 추진해왔다. 그에 따라 촛불 이후 새로운 교육체제의 열망을 안고 출범한 김상곤 교육부장관 체제와 국가교육회의가 1년 반 동안 새로운 교육체제 수립을 위해 노력해왔다.

촛불혁명의 정신을 반영한 교육혁신과 새로운 교육체제 수립의 성과와 문제를 짚어보고 앞으로의 방향과 추진 과제를 논의해봐야 할 시점

이 온 것이다.

촛불혁명의 정신을 담아 교육혁신과 새로운 교육체제의 추진을 실현할 정부가 출범한 지 1년 반이 지났다. 이제는 교육혁신과 새로운 교육체제를 추진하기 위해 추진체계, 교육혁신 전략과 방안(로드맵), 교육혁신을 위한 담론, 추진동력 등 현황을 점검하고 문제점을 파악한 뒤 그 방안과 과제를 검토하고자 한다.

1) 교육혁신과 새로운 교육체제의 현재

교육혁신 머뭇거리는 교육부

촛불혁명의 결과로 박근혜 정부가 탄핵으로 물러난 뒤 문재인 정부가 탄생하고 내각을 인준하는 과정이 길어지면서 교육부장관은 정부 출범 2개월 만에 임명을 받게 되었다.[3] 새로운 교육체제에 대한 기대감으로 시민사회가 힘을 모아 김상곤 교육부장관 임명에 대한 기득권 세력의 완고한 저항과 흠집 내기에 맞서 총력전으로 대응하여 마침내 임명을 관철시켰다. 김상곤 교육부장관의 임명동의안이 관철될 때까지는 교육시민사회가 적어도 한목소리를 낼 수 있었다.

김상곤 교육부장관 임명이 지체되면서 청와대 교육 부문 컨트롤타워

---

3. 선거 후 곧바로 정부 인수위원회 없이 선거대책본부 중심의 인선 과정을 거쳐야 했다. 또한 여소야대의 국회 구성으로 출범부터 인선 과정의 난항이 예상되었으며, 야당의 완강한 반대로 문재인 정부의 내각 구성은 힘들었지만, 촛불 시민의 강력한 지지와 지원으로 돌파할 수 있었다.

역할을 해야 할 교육 부문 비서진 인선은 교육부 권력의 공백 상태에서 별개로 이루어졌다. 이 과정에서 교육시민사회는 새로운 교육체제를 추진하기 위한 기대감으로 주도적인 참여를 요구했지만, 인선 결과는 교육시민사회와 교감 없이 선거대책본부 교육 부문의 핵심 인사들이 중심이 되어 마무리되었다.

실종된 국가교육체제의 거버넌스

교육부 인선 과정이 교육시민사회와의 거버넌스가 제대로 이루어지지 못한 가운데 장관이 교육감 시절에 같이 일했던 경기도교육청 인사를 영입하는 방식으로 진행되어, 장관의 개별적인 인맥과 과거 교육감 때 측근 중심으로 임명되었다.

또한 뒤늦게 구성된 국가교육회의도 청와대 교육 부문의 주도세력이 중심이 되어 교육시민사회의 추천과 대표성을 기준으로 인선 논의가 되기보다는 선거대책본부에 가담한 인맥 관계와 이전 교육감 시절 인맥에만 의존하지 않았나 하는 비판적인 시각을 불러일으켰다.

따라서 교육혁신과 새로운 교육체제에 대한 기대와 열망은 새로운 국가교육기구 구성 과정에 제대로 반영되지 못했다. 국가교육기구를 구성하는 과정에서 시기가 늦어지고 구성 과정이 난항을 겪었다. 결정적인 문제는 시민사회와 거버넌스를 제대로 구축하지 못하고 있다는 점이다. 물론 갑작스러운 정권 교체로 준비할 시간이 부족하고 여건이 미비하여 새로운 체제 구축에는 많은 한계가 있었다. 더욱이 촛불 정신을 담아 반영하는 데는 시민사회의 역량도 매우 중요했는데, 시민사회를 아우르는 교육운동 역량도 새로운 교육체제를 감당하기에는 턱없이 부족했다. 그동안 전교조가 중심축이 되어 교육개혁을 주도해왔지만 최근에 와서는 전교조가 법외노조로 전락하여 조직 보위에 중점[4]을 두면서 교육운동 진영의 통합력은 현저히 약화 또는 분화되었다. 그러다 보니 국가교육에 대한 담론을 의제화하기보다는 자기 조직의 법적 지위 확보와 교원평가, 교원성과급 폐지 투쟁에 동력이 소진되고 말았다.

국가교육기구는 출범 과정에서 한계를 안고 출발하였으며, 이후 교육혁신과 새로운 교육체제 추진에 여러 가지로 어려움을 초래한 원인이 되었다고 볼 수 있다. 국가교육기구 구성 과정에서 교육부와 청와대, 교육부와 국가교육회의, 국가교육기구와 시도교육감협의회, 국가교육기구와 교육시민사회의 교육운동 진영 사이에 공식적이고 구체적인 협의체나 채널이 없어 유기적인 관계망을 형성하지 못하였다. 단절적이고 개별적으로 분산 진행되면서 교육혁신과 새로운 교육체제의 추진은 지체되고 힘 있게 추진하지 못하고 있는 실정이다.

국가교육기구의 교육혁신 추진체계의 문제점은 교육혁신의 추진 방향, 로드맵, 전략, 담론 등 모든 부분에서 지지부진하거나 제대로 진행되지 않는다는 점이다. 정권이 바뀌면 정권 초기 적어도 6개월 이내에 개혁 방향과 방안, 로드맵과 전략을 완성하고 그 후 정권 내내 추진해나갈 때만이 성과를 기대할 수 있다. 현재의 교육시민사회는 현 정부의 교

---

4. 문재인 정부가 들어서자마자 전교조는 새로운 교육체제의 담론을 주도하지 못하고 청와대 앞에서 법외노조 철회, 교원평가 및 성과급 폐지를 외치며 농성체제로 출발한 것이다.

육혁신과 새로운 교육체제 추진에 대해 심각하게 우려하고 있다.

입시 블랙홀에 빠진 국가교육기구

국가교육기구의 난맥상은 지난해 8월 발표를 미루고 금년 8월로 연기했던 대학입시제도 개선책에서 여실히 드러나고 있다. 교육부는 대학입시제도 개선안을 들고 나와 소모적인 논쟁만 하다가 1년 유예라는 결과를 낳고 말았다. 입시문제를 전형 방법만으로 해결할 수 있다고 믿는 바보들도 아닐 텐데, '절대평가냐 상대평가냐' 하는 수능 평가 방식의 쟁점만 달랑 던져놓고 이해 당사자들 간에 논란만 거듭하다 그리된 것이다.

그 후 교육부는 제대로 된 교육개혁안 하나 제출하지 못하고 있다. 교육부는 여론의 뭇매가 두려운 나머지 눈치만 살피는가 하면, 국가교육회의에 넘긴 입시제도 개선안도 1~3안을 나열한 수준에서 넘기고 말았다. 국가교육회의는 공론화를 거쳐 여론을 통해 결정하려 하고 있다. 5·31교육체제의 난맥상을 풀어가는 데 입시제도를 먼저 들고 나온 것은 첫 단추를 잘못 끼운 것과 같다. 입시제도는 입시제도 자체로 해결할 수 없는, 교육의 총체적 연결고리의 핵심이다. 총체적인 교육문제를 함께 해결하지 않으면 답을 찾을 수 없는 입시문제는 우리 교육의 '블랙홀'이다. 김상곤 교육부 체제는 결과적으로 입시 블랙홀에 빠지게 된 것이다.

그 후 김상곤 교육부 체제는 매우 위축되거나 무기력하게 보이며, 보수의 반격과 여론의 추이만 지켜보고 아무런 교육혁신도 추진하지 못하는 게 아닌가 하는 우려를 낳고 있다. 교육혁신과 새로운 교육체제가 추진되지 않는 것을 심각하게 우려하는 것은, 다른 부문에서는 적폐 청산과 함께 국민이 피부로 느낄 만큼 혁신이 이루어지고 있어 상대적으로 위기감이 더해졌기 때문이다. 교육혁신과 새로운 교육체제 추진이 제대로 안 되는 원인은 상당 부분 교육부와 청와대에 있지만, 그렇다고 국가교육기구에만 전적인 책임이 있는 것은 아니다. 촛불혁명으로 발화된 5·31교육체제 청산과 새로운 교육체제에 대한 열망을 아래로부터 끌어올리지 못한 교육시민사회도 그 책임에서 자유롭지 못하다.

2) 교육혁신과 새로운 교육체제 추진 방안

새로운 교육체제 수립? 1년 6개월

교육혁신과 새로운 교육체제를 추진해야 할 정부가 촛불혁명에 의해 탄생했지만 구체적인 전략과 방안이 준비되지 못한 채 국가교육기구 구성에 난항을 거듭하면서 시간을 보내고, 구성된 후에도 별다른 방안을 보여주지 못하고 있다.

교육부장관 임명이 늦어지는 과정에서 청와대 교육문화수석비서관 자리는 없어지고, 교육 부문 담당은 비서관 체제로 개편되어 교육비서관으로 격하되었다. 청와대 교육비서관과 차관 인선 과정에서도 교육시민사회와 충분한 소통과 교감이 없었고, 인선 후에도 교육시민사회와 원활한 소통이 이루어지지 못하고 있다. 우여곡절 끝에 임명된 교육부장관이 교육부 관료와 청와대 교육비서실과 호흡을 맞춰 교육혁신과 새로운 교육체제에 대한 전략과 방안을 제시하는 것을 무엇보다 우선해야 함에도 그러지 못하고 있다.

모든 정권이 초기에 혁신과 개혁 드라이브를 강력하게 추진해야만 성공 가능하다는 것은 역대 정부에서 여실히 드러난 바다. 촛불혁명으로 탄생한 문재인 정부에 대한 교육혁신과 새로운 교육체제를 만들어야 한다는 국민적 요구가 매우 높았던 만큼 그 기대도 높을 수밖에 없었다. 그러나 문재인 정부는 교육혁신과 교육개혁에 대한 준비가 제대로 되지 않았거나 전략과 로드맵이 없었다. 교육부는 구체적인 혁신 정책과 전략을 내놓지 못하고 현안 문제해결에만 급급한 채 지나갔고, 김상곤 교육부장관에 대한 기대감은 사라지고 '교육부는 무엇을 하고 있는가' 하는 비판에 직면하게 되었다. 교육혁신에 대한 촛불 시민들의 기대와 요구가 컸던 만큼 그에 부응하지 못하는 교육부에 대한 실망과 비판도 클 수밖에 없다.

교육부는 교육혁신 방안과 로드맵을 제시해야

'우리 교육 이대로는 안 된다'는 개혁에 대한 인식과 열망은 매우 고조되었지만 국가교육기구나 교육운동 진영, 교육시민사회는 입시제도 개선 논쟁에 매몰되어 새로운 교육체제와 교육혁신에 대한 구체적인 방안과 로드맵을 제시하지 못하고 있다. 국가교육회의마저도 교육부가 던져준 입시제도 개선안의 뒤치다꺼리에서 벗어나지 못하고 있다.

국가교육회의가 국가교육의 중요한 현안 정책의 대안을 만드는 일도 물론 필요하지만, 그보다는 새로운 국가교육체제 수립과 교육혁신의 방향을 제시하고 그것을 주도할 담론과 어젠다를 만들고, 실현할 수 있는 전략과 로드맵을 제시하는 중심 역할을 제대로 해나가야 한다. 남북관계가 급진전되어 한반도 정세가 요동치고 있는데도 교육 부문은 여전히 5·31교육체제에서 한 걸음도 진전하지 못하고 있다.

3) 교육혁신을 위한 담론이 있는가

촛불 정신은 5·31교육체제의 청산

촛불 광장에서 교육에 대한 시민들의 요구가 분출했다. 경쟁 중심의 줄 세우기식 교육에만 매달려 미래의 주역이 될 학생들에게 미래 사회에 필요한 역량을 기르는 미래 비전을 제시하는 교육이 아닌 주입식 지식교육과 입시경쟁교육의 청산을 요구한 것이다. 학벌주의와 입시경쟁 교육체제에서 억압에 무비판적으로 순응하는 인간을 양산하는 교육에 대한 저항의 외침인 것이다. 작금의 현실은 일자리마저 줄어들고 과잉교육에 의한 청년실업이 사회 문제로 등장하였고, 헬조선의 흙수저들은 아무리 학력을 높여도 최저임금 수준에도 못 미치는 아르바이트에 결혼은커녕 급기야 저출산 고령화 사회로 가고 있는 실정이다.

여전히 입시경쟁교육에 막대한 교육비를 투자하고, 노량진 공시생과 취준생만 양산하고 있는 체제에서 희망이 없는 젊은이들의 외침이 촛불 광장을 메운 것이다. 우리 교육이 안고 있는 일제강점기의 교육, 해방 이후의 교육, 5·18 이후의 교육, 6월 항쟁 이후의 교육, 세월호 이후의 교육, 이명박과 박근혜 이후의 교육을 성찰해야 할 때다. 한국사 교과서 국정화 같은 박근혜 정권 적폐 청산에서 더 나아가 촛불 이후의 새로운 교육의 설계가 필요하다[5]는 기대가 컸다.

5·31교육체제의 대안 담론은?

새로운 정부에서는 5·31교육체제를 극복하고 새로운 교육체제를 만들 수 있으리라는 기대가 컸다. 그러나 시민들의 열망을 담아내는 교육혁신의 담론을 사회적 의제로 만들어내지 못했다. 물론 이러한 교육혁신의 담론을 만들어내는 1차적인 책임은 국가교육기구에 있다. 인수위원회도 없이 선거가 끝나자마자 출범한 정권의 한계가 있다 하더라도 정권이 바뀐 지 1년 반이 지난 현재까지 교육혁신의 담론을 형성하지 못하고 있는 것은 국가교육기구가 교육혁신에 대한 구체적인 전략과 방향성이 없거나 잘못 잡았기 때문일 것이다.

문재인 정부는 어느 정부보다도 국가교육체제와 교육혁신에 거는 기대와 열망이 컸으나 정권 초기에 교육혁신의 담론을 형성하지 못하고 말았다. 김영삼 정부에서 시작된 5·31교육체제의 신자유주의 경쟁교육 담론은 현재까지 우리 교육 전반을 지배하고 있다. 우리 교육을 황폐화시킨 5·31교육체제와 경쟁교육체제의 담론에서 벗어나 미래가 있는 새로운 교육체제를 건설해야 한다는 열망이 촛불혁명에서 분출했지만, 경

---

5. 은우근, 「촛불 이후의 교육」, 『한겨레』, 2018년 3월 28일 자.

쟁교육을 대체하는 미래 세대와 4차 산업혁명 시대에 대비한 새로운 교육 담론은 제기하지 못하고 있다.

교육운동은 담론이 있는가?

교육혁신의 담론을 만들어내지 못한 책임은 국가교육기구에만 있는 것은 아니다. 교육운동과 시민사회에도 상당 부분 책임이 있다. 교육운동과 시민사회 역시 촛불혁명으로 탄생한 새로운 정부에 대한 막연한 기대와 희망으로 부풀어 있기만 했지, 그들 또한 교육혁신과 새로운 교육체제에 대한 전략과 방안이 없다 보니 담론을 주도하지도 못했다. 정권이 탄생하자마자 교육운동의 핵심 주도세력인 전교조마저 자기 문제에 발목이 잡혀 법외노조 철회 투쟁에 몰입한 나머지 교육혁신의 담론을 주도하지 못했다. 반면 비노조 교육단체들은 혁신학교를 중심으로 현장 실천운동을 지속적으로 전개하여 실천운동 역량은 확산되었지만, 전체 교육시민사회를 함께 아우르는 국가교육체제와 교육혁신의 담론을 만들어내지는 못하고 있다.

4) 교육혁신의 주체는 누구인가?

교육혁신 추진동력은 거버넌스로부터

국가교육체제의 개혁은 국가교육기구와 지역교육기구, 시도교육감협의회, 교육현장, 교육시민운동과 시민사회 등과 유기적인 관계망 속에서 거버넌스를 형성해 사회적 합의를 이루어내야 성공할 수 있다. 즉 아래로부터 올라오는 교육혁신의 실천활동 역량을 끌어모아 국가교육기구가 추진하려는 교육혁신의 방향과 방안을 현장 실천에 맞게 구체화하여 협의하고 실행하는 과정에서 추진동력을 만들어내야 한다.

지방교육자치는 지역 교육청의 거버넌스로부터

지역별로는 교육청 단위로 부분적으로 거버넌스가 이루어지는 지역이 있으며, 교육청과 지자체 단위에서 마을교육공동체나 혁신교육지구 사업 등 협치가 이루어지고 있다. 지역 교육 현안이나 마을과 함께하는 소규모 프로그램이나 협력 사업들이 활발하게 진행되는 과정에서 거버넌스가 작동하기는 하지만, 그 경험이 매우 일천하여 여전히 관이 주도하는 내리먹이기식 사업이 중심이다. 또한 지역 교육활동을 지원하는 정도에 있는 수준이다. 지역교육체제와 지역교육혁신의 담론을 주도하기에는 한계가 있으며, 실천 사례와 활동 모델을 창출하는 정도에 있는 수준이다.

이처럼 실천활동을 토대로 아래로부터 올라오는 추진동력을 살려내기 위해서는 실천활동에서 파생된 지역교육체제의 문제와 걸림돌을 제거해야 한다. 국가교육기구는 아래로부터 올라오는 국가교육체제의 개혁과 혁신의 요구를 주도적으로 모아내야 한다. 또한 국가교육체제를 총괄하는 국가교육기구와 교육시민사회가 원활한 소통을 통해 상층에서 국가교육체제를 개혁하기 위한 방안을 만들고, 추진체계가 발 빠르게 작동하여 현장에서 추진할 수 있는 동력을 만들어야 한다. 그러나 현재 국가교육기구는 시기를 놓치고 있어, 이미 형성된 지역교육체제의 추진동력마저도 소진될 위기에 있다. 위기를 극복할 기회가 왔는데도 이 기회를 놓치면 위기가 더욱 심화될 수밖에 없다. 국가교육기구가 제 역할을 하지 못하고 있다면 교육시민사회가 나서서 이 국면을 돌파해야 한다.

2.
교육운동의 성장 발전 방향과 과제

1) 촛불 이후 교육체제 새판짜기

촛불 정신-5·31교육체제 청산

촛불혁명의 정신은 1987년 이후 30년간 국가사회체제의 근간이 되었던 87년 체제를 청산하고 새로운 변화를 수용하라는 시민의 요구였다.

교육 부문에서는 1995년 5·31교육체제의 신자유주의 경쟁교육체제를 청산하고 새로운 교육체제로 변화하라는 시대적인 요구가 제기되었다. 5·31교육체제와 교육 적폐를 청산하고 '나라다운 나라'에서 '교육다운 교육'을 하는 새로운 교육체제를 건설하라는 요구가 분출된 것이다. 5·31교육체제의 신자유주의 경쟁교육체제와 그동안 쌓여온 권위적인 관료주의에서 비롯된 적폐를 청산하고 새로운 국가교육체제를 만들어야 한다는 요구가 촛불 정신으로 나타난 것이다.

국가교육기구의 위상과 역할

국가교육기구는 교육부, 청와대 비서실, 국가교육회의의 3각 체제로 되어 있다. 국가교육체제는 이 국가교육기구들 간에 위상과 역할을 정립하여 상호 협력과 팀워크가 잘 이루어져야 한다. 국가교육기구와 함께 모든 교육 관련 단체와 시민사회가 함께 참여하고 만들어가는 거버넌스를 통해 새로운 교육체제와 교육혁신을 만들어가야 한다. 교육체제의 변화는 사회적 합의 과정을 거쳐야만 정착될 수 있다. 사회적 합의 과정은 거버넌스 시스템이 작동하여 각 단위와 시민사회의 의견이 충분히 반영되어야 한다.

이와 같은 성공적인 거버넌스 과정을 통해 사회적 합의를 도출하는 과정이 진행되려면 국가교육기구가 이미 형성된 시민사회와 교육운동단체들과 심도 있는 소통과 협의 과정을 추진하는 체계를 작동시켜야 한다. 이러한 과정에서는 사회적 합의를 거친 어떤 교육정책이 실패하거나 뿌리내리지 못한다 해도 시행착오를 인정하며 함께 책임지고 함께 다시 모색할 수 있기 때문이다. 그렇지 못한 경우 학생과 학부모는 교사나 국가교육기구에, 교사는 학생과 학부모와 국가교육기구에, 교육청은 교사와 교육부에, 교육부는 학교와 교육청에 서로 책임을 떠넘기며 책임지지 않으려 하고, 교육의 변화는 무망하다고 여기며 현실에 안주하고 말 것이다.

자기 자신부터 혁신하지 않으면 아무것도 혁신할 수 없다는 각오로 다시 출발해야 할 시점에 왔으며, 이는 국가교육체제를 움직이는 열쇠를 쥐고 있는 국가교육기구에서부터 시작해야 한다.

국가교육기구는 촛불 광장에서 5·31교육체제를 대체하고 새로운 교육체제를 수립하라는 시민들의 외침이 촛불혁명 1년 반이 지나도록 실현되지 못한 것을 깊이 성찰하고, 지금이라도 새로운 교육체제 수립을 위해 교육부는 로드맵을 시급히 내와야 한다.

교육부와 국가교육회의가 국가교육기구로서 역할을 제대로 하지 못하고 있는 상황에서는 문재인 정부의 공약이었던 '국가교육위원회'를 조기에 설립하는 방안을 강구해야 한다. 국가교육체제를 새롭게 추진하려면 힘 있는 국가교육기구로서 '국가교육위원회' 설치가 필요한 상황이다.

2) 실천운동과 국가교육체제의 연계

실천운동의 확산과 교육자치

진보 교육감 시대를 열기 시작했던 김상곤 경기교육감이 재선거에서 당선되어 혁신학교와 학교혁신운동이 시작되었다. 그간 전교조 참교육 실천운동으로 출발하여 '새로운학교네트워크', '좋은교사운동', '참여와 소통'과 같은 현장 실천운동의 역량이 축적된 결과라고 할 수 있다.

2005년부터 남한산초등학교와 작은학교 연대에서 시작한 학교현장 실천운동의 소중한 결과는 학교혁신운동과 혁신학교운동 1기(2009년 ~2014년)를 열어가는 핵심 추진동력이었다. 혁신학교운동은 그동안 더욱 광범위한 현장 실천활동을 바탕으로 6개 시·도 진보 교육감 지역으로 흐름을 만드는 계기가 되었다. 현장 실천운동은 교사운동에서 시작되어 학부모와 지역사회운동으로 뿌리내리게 되었다. 1기 실천활동 과정에서 형성된 현장 실천역량은 혁신교육 2기(2014년 13개 시·도 진보 교육감 당선 이후)로 이어가는 데 결정적인 토대가 되었다.

이처럼 혁신교육운동은 진보 교육감의 진출과 함께 현장의 학교개혁운동으로 자리 잡으며 초기에는 전교조를 중심으로 현장 실천운동의 추진동력이 형성되었다. 그러나 현장 실천운동에 기반을 둔 현장 실천조직들이 비약적인 성장을 가져왔으며, 상대적으로 전교조가 정치투쟁과 자신의 법적 지위 확보 투쟁에 집중하느라 학교혁신의 주도력이 약화되면서 비노조 실천조직들이 성장·발전하게 되었다. 시·도 교육청은 지역별로 교육운동 세력과 거버넌스가 자연스럽게 작동되면서 혁신교육운동이 탄력을 받게 되었으며, 시·도 교육청 중심의 혁신교육운동은 지역별 실정에 맞는 거버넌스를 형성하며 성장·발전해왔다.

수업혁신에서 교육과정 재구성으로

현장 실천운동의 확산은 수업혁신으로부터 출발하여 학교교육의 질적인 변화와 학교 운영의 민주화, 학생 중심의 학교자치의 변화 등 학교현장의 많은 변화를 이끌었다. 학교교육을 규정하는 국가교육체제의 틀의 근본적인 변화와 질적 도약에는 한계가 있다는 것을 지난 시기 실천운동의 결과로 깨닫게 되었다. 교육과정의 변화 없이는 학교교육의 근본적인 변화가 불가능하다는 것을 인식한 열성적인 교사들이 교육과정을 재구성하고 개편하려는 실천활동에 열정을 쏟았지만, 모든 학교에 확산하고 일반화하기에는 많은 한계가 있어 장벽에 부딪히게 되었다.

학교개혁의 가장 중심적 역할은 교장이라고 판단하여 교장공모제를 통해 혁신교육의 구심점을 만들어보려던 노력은 국가교육체제, 교원승진 제도의 장벽 때문에 부분적으로만 진출할 수밖에 없었다. 혁신학교 확산에 걸림돌로 작용한, '무늬만 혁신학교'라는 비판도 혁신학교에 대한 인식이 없는 점수제 승진 교장이 있는 학교에서 비롯되었으며, 혁신학교의 혁신 주체로 열성을 쏟았던 많은 교사들이 혁신 마인드 없는 교장이라는 장벽 앞에서 좌절하거나 포기할 수밖에 없었다. 내부형 교장공모제를 50%까지 할 수 있도록 관련 시행령 개정[6]을 통해 앞으로 활로가 대폭 열리게 되었다.

교육의 지방분권화와 교육자치

주민 선출 지방교육자치제가 도입되면서 진보 교육감이 선출된 지역에서부터 지역의 교육시민사회와 소통하고 함께하는 과정의 거버넌스가 만들어지는 발전이 있었지만, 현재 지방교육자치제도 아래에서는 교육청 단위에서 자율적으로 할 수 있는 것이 그리 많지 않다. 그래서 학교 현장에서 학생, 교사, 학부모가 관련된 학생인권 문제와 같은 학교활동의 매일매일 일상의 문제에서는 많은 진전이 이루어졌지만, 교육활동의 근본적인 문제인 교육과정과 교수학습의 본질적인 문제에는 깊이 있게 접근하지 못하고 있다.

---

6. 2018년 3월 13일 '교육공무원임용령' 시행령을 개정하여 교장공모제 학교의 50%(기존 15%에서)까지 교장 자격이 없는 경력 15년 이상의 교사로 공모할 수 있게 하였다.

중앙집중적인 국가교육체제는 학교혁신을 의욕적으로 추진하려는 진보적인 시·도 교육감과 끊임없이 대립각을 세우고, 국가교육체제가 중앙집권화된 권한을 근거로 규제 일변도로 일관하면서 교육부는 시·도 교육감을 사사건건 통제하기에 바빴다. 지방교육자치는 말뿐이고, 교육감이 학교혁신에 재량으로 할 수 있는 것이 거의 없었다.

　새 정부의 국가교육기구는 중앙집권화된 국가교육체제를 근본적으로 손질하여 교육자치와 지방분권화의 상과 미래교육의 방향에 맞게 교육체제를 정비하고 새롭게 구축해야 한다. 또한 미약하지만 지방교육자치 과정에서 형성된 거버넌스를 국가교육체제 전체에도 구축하고, 학교자치와 학교혁신의 실천 현장인 학교와 지역사회에서 새로운 교육체제를 만들어가는 데 자발성을 발휘할 수 있는 교육체제 정비에 온 힘을 쏟아야 한다. 학교에서 지역 교육지원청과 지역사회, 시·도 교육청, 교육부로 이어지는 '아래로부터 올라오는' 교육혁신을 극대화하고 각 단위에서 자발성에 기초한 거버넌스가 원활하게 이루어져 횡적·종적으로 유기적인 소통과 협력 시스템을 구축해야 한다. 미래를 내다보며 발 빠르게 변화하는 세계 속에서 입시경쟁과 동맥경화에 걸린 낡은 교육 시스템에 머물러 있는 우리 교육을 혁신해야 한다. 촛불혁명으로 탄생한 정부마저도 현안 정책문제에 에너지를 소진하고 기회를 잃어버리면 우리 교육은 질곡에서 헤어나기 어렵게 될 것이다.

3) 교육운동 방향과 교원단체 새판짜기

교육운동, 무엇이 문제인가?

새로운 교육체제와 교육혁신에 대한 시대적 요구와 흐름이 제대로 반영되지 못한 것을 국가교육기구와 국가교육체제만의 책임으로 돌릴 수는 없다. 교육운동 진영과 교육시민사회는 그동안 반교육적 신자유주의 교육체제와 투쟁하고 올바른 교육개혁을 위해 지속적인 투쟁과 실천운동에 혼신의 노력을 기울여왔다. 그 결과는 촛불 광장에서 새로운 교육체제 건설과 교육혁신이라는 요구로 분출되었다. 교육운동 진영과 교육시민사회도 교육체제의 새판짜기가 가능하리라는 기대 속에서 새로운 정권이 탄생했다. 그러나 지난 1년 반 동안 교육 부문은 교육체제의 새판짜기와 적폐 청산에서 별다른 성과를 내지 못하고 말았다. 국가교육기구가 역할을 제대로 하지 못한 데 근본 원인이 있지만, 모든 책임을 국가교육기구에 돌릴 수는 없다. 현재 교육운동 진영은 교육부장관과 문재인 정부에 모든 책임을 돌리고 있다.

새로운 정부 1년 반 동안 많은 부분에서 적폐 청산과 새판짜기가 속도감 있게 진전되어 국민적 호응을 얻고 있지만 교육 부문은 아무것도 혁신하지 못한 실정인데, 국가교육기구만 탓하고 있는 교육운동 진영도 책임이 없다고 할 수 없다.

교육운동의 전략과 전망 부재?

국가교육기구가 혼선을 빚으며 새로운 교육체제와 교육혁신의 방향과 로드맵을 제시하지 못하고 있다고 실망하고 비판만 하고 있을 수는 없다. 국가교육기구 구성에서 어려움을 겪게 되면서 교육운동계와 시민사회는 각개 약진하여 조직이나 단체는 개별적인 진출에 관심을 쏟고 있었다. 교육부장관 인준 과정에서는 교육시민사회가 한목소리로 김상곤 장관 임명에 총력전을 폈으나, 청와대 비서실 교육 부문 인선이나 교육부 관료 인선 과정에서부터 교육시민사회는 뒷짐만 지고 전혀 개입하지 못했다. 인선 과정에서 개별적 진출에 몰두하고 정작 새로운 교육체제 건설과 교육혁신의 담론을 제기하거나 주도하지도 못했다. 교육체제 혁신과 교육혁신에 대한 담론과 전략을 의제화하지 못했고, 국가교육기구의 구성은 전문성이 부족한 인물과 인맥 관계에 의존해 자리를 채울 수밖에 없었다. 집권 초기의 국가교육기구 구성은 시간적·물리적 조건이 어쩔 수 없었다 하더라도, 교육운동과 교육시민사회가 국가교육기구와의 거버넌스가 매우 취약했기 때문에 그런 결과를 가져왔다고 할 수 있다.

또한 교육운동과 교육시민사회는 새로운 교육체제 수립과 혁신교육에 대한 방안을 제시하여 의제화하지 못했고, 새로운 교육체제의 방안과 전망을 내오지도 못했으며, 전략과 로드맵도 제시하지 못했다.

기존 방식의 교육운동은 역할이 끝났다

교육운동계가 통합력이 약화되고 주도세력이 없어서 혁신 담론과 전략적 방안을 제기하거나 고민할 수 있는 단위가 없었다. 그동안 전교조가 교육운동을 주도하고 전교조 중심으로 연대와 협력하던 방식에 의존해오다가 전교조가 제대로 방향을 못 잡고 전략을 내오지 못하자 교육운동계 전체가 지리멸렬해지며 지난 1년 반을 지나온 것이다. 조기 대선이 가시화되자 전교조가 중심이 되어 '새로운 교육체제 수립을 위한 사회적교육위원회'[7]를 창립하여 대선 시기에 대선 공약화와 대선 의제 설정을 위한 활동을 폈으나, 정작 대선 후 새로운 정부가 들어섰는데도 새로운 교육체제 수립을 위한 담론을 제기하거나 국가교육기구와 거버넌스를 만들어내지 못했다. 국가교육기구 구성에 실질적인 활동을 하지 못했고 영향력을 발휘하지 못했다. 사회적교육위원회는 전교조 중심으로 만들어지면서 조직적으로는 실천운동 조직과 교육시민사회 전반을 포괄하는 조직으로 발전하지 못했으며, 내용적으로는 목표로 내걸었던 새로운 교육체제 수립을 위한 담론을 제기하지도 못했고 주도하는 것도 성공하지 못했다.

그 원인은 교육운동계가 전교조가 중심이 되어 운동을 펼쳐오던 87년 체제에서 벗어나지 못하고 있으며, 전교조는 교육운동의 전략적 고민보다는 법적 지위 확보를 위한 투쟁에서 벗어나지 못하고 있기 때문이다. 물론 87년 체제는 수구체제와 독재체제로 복귀하려는 세력과 투쟁하는 과정을 되풀이해왔기 때문에 투쟁에 더 집중할 수밖에 없었고, 이명박·박근혜 정권의 폭압적 탄압에서 살아남기 위한 투쟁이 우선일

---

7. 사회적교육위원회는 2017년 2월 22일 준비위원회를 발족하고 대선을 한 달여 앞둔 2017년 4월 7일 창립하여 대선 공약과 의제 설정을 위한 활동을 하였다. 참여 단체는 교육운동연대, 교육재정국민운동본부, 교육혁명공동행동, 교육희망네트워크, 대학공공성강화를 위한 전국대학구조조정공동대책위원회, 사립학교개혁과 비리추방을 위한 국민운동본부, 친환경무상급식풀뿌리국민연대, 한국교육연구네트워크 등이다.

수 있다. 하지만 촛불혁명의 정신은 적폐 청산도 중요하지만 '나라다운 나라와 교육다운 교육'을 바로 세우는 것이 중요하고 우선이었다고 할 수 있다.

촛불 정신을 담아낼 교육운동의 전략도 없었고, 전략을 고민할 수 있는 단위도 존재하지 않았으며, 교육운동계가 새로운 교육체제 수립의 전략과 방안을 모아낼 역량도 부족했다.

교육운동은 1987년 이후 민주화운동 과정에서 탄생한 전투적 노동운동 중심의 전국교직원노동조합(전교조)과 해방 이후 줄곧 한국 교육을 대표하는 유일한 교원단체인 한국교원단체총연합회(한교총)가 주도하는 틀에서 벗어나 새판짜기를 해야 한다. 전교조는 투쟁 중심의 활동 방식 때문에 학교현장과 괴리 현상을 보이며 현장에서 영향력이 점점 약화되었다. 한교총도 교육현장에서 주도권이 사라진 지 오래되었고, 상층에서는 교육 관료와 승진 희망자들의 기득권 보호와 보수적 교육정책을 지키며 정치적 진출에 집착하고 있다.

교육운동의 다원화 시대-협력과 연대로

교원노조운동의 전교조 중심 시대는 약화되고 새로운 노조들이 만들어지며 다양한 교원노조 시대가 되었다. 또한 교사노조 중심에서 교육부와 교육청, 학교에 근무하는 다양한 직종의 노조들이 만들어져 활동하고 있다. 비노조 교육운동 교원단체는 한교총이 유일한 교원단체로 오랜 기간 독점해왔으나 현장에서의 영향력은 거의 사라지고 상층의 정치적 영향력으로 존재하고 있다. 전교조와 한교총, 두 조직 중심의 교원 조직은 다양한 형태의 자발적인 현장 실천조직으로 분화되고 있다. 이러한 자생적인 조직은 실천활동을 통해 학교를 바꾸려는 노력을 지속하면서 학교에서 영향력이 확대되었지만, 정치적 영향력은 법적 지위가 없는 임의조직으로 한계가 있었다.

교육운동과 교육시민사회가 전교조와 한교총의 두 거대 조직 중심에서 다양하게 분화되는 것은 자연스러운 현상이라고 볼 수 있다. 교육시민사회의 지형과 시대적 상황이 달라진 상황에서 새로운 교육체제에 맞는 교육운동으로 새판짜기를 해야 한다. 국가교육기구가 시대 상황에 맞게 권력을 독점한 관 주도에서 민관 협치로, 중앙집중에서 지방분권화로 역할과 위상이 달라지고 혁신해야 하듯이, 교육운동과 교육시민사회도 중앙과 지역, 집중과 분산, 연대와 협치의 새판짜기를 해야 한다.

교육운동과 교육시민사회는 거대 조직이 독점적 지위를 누리던 시대가 끝났다. 다양하게 분화된 조직들이 연대와 협력을 통해 수평적이고 동등한 지위에서 국가교육기구와 협치를 해야 한다.

비노조 교원단체는 한교총에게 독점적 지위를 보장하는 '교원 지위 향상 및 교육활동 보호를 위한 특별법'을 개정하여 다양한 교원단체가 교육부나 교육청과 동등한 지위에서 교섭과 협의에 참여할 기회를 보장해야 한다.[8]

---

8. 교육부는 '교원 지위 향상 및 교육활동 보호를 위한 특별법'을 2018년 정기국회(11월경)에서 개정할 예정이라고 한다.

4) 교육시민사회와 교육공동체운동의 활성화

마을이 학교다

교육은 학교 울타리 안에서 내부 교직원들로만 할 수 있는 진공의 세계가 아니다. 아이들은 나고 자란 지역사회에서 지역사회와 함께 자라고 성장하는 것이다. 한 아이의 성장은 온 마을이 함께할 때만 가능하다. 지역사회와 함께하는 교육에 본격적인 관심을 갖게 된 것은 새로운학교운동의 모델이 된 남한산초등학교[9]에서 시작되었다. 혁신학교운동이 확산되면서 지역사회와 함께하는 교육이 중요하게 부각되었다. 그 후 학교 밖의 아이들 교육에까지 관심을 가지며 '마을이 학교다'[10]라는 관점과 인식에 이르게 되었다. 혁신학교운동이 본격화되면서 경기와 서울을 중심으로 지역사회와 학교와 지방자치단체가 함께하는 혁신교육지구 사업을 시작하면서 마을교육공동체운동은 급속하게 확산되었다. 경기교육청이 주도하여 혁신교육지구 사업[11]이 시작되었으며, 이어 서울시교육청과 금천구가 교육혁신지구 사업[12]을 시작하게 되고, 그 후 서울시와 서울시교육청이 공모하여 서울시 자치구로 확대되고 전국적으로 혁신교육지구

---

9. 남한산초등학교는 2001년 전교생이 26명으로 폐교 위기에 있었는데, 서길원 교사와 몇 명의 교사가 들어가 교육과정을 재구성하고 지역사회와 함께하는 체험학습 프로그램을 만들어 실험적인 학교로 운영하여, 이후 시작된 혁신학교의 모형을 창출하는 계기가 되었다.
10. 박원순(2010), 『마을이 학교다』, 검둥소.
11. 2010년 12월 16일 경기도 안양시가 경기교육청으로부터 혁신교육지구로 선정된 후 혁신교육지구사업이 지자체와 교육청이 함께하는 사업으로 자리 잡게 되었다.
12. 2012년 2월 28일 서울시교육청과 금천구가 혁신교육지구 사업에 대한 MOU를 체결하고 사업을 시작하였다.

사업과 마을교육공동체운동이 확산되어 지방자치단체가 본격적으로 교육을 주요 사업으로 펼치게 되었다.

시민사회의 지역교육공동체운동 거듭나기

교육이 지방자치의 주요한 과제로 인식되면서, 교육기관과 교육행정기관의 전유물인 시대는 가고 지역사회의 가장 중요한 이슈로 떠오르게되었다. 이전의 지역사회에서 교육은 마을교육공동체운동의 취지에서벗어나 지역 이기주의와 경쟁교육에서 살아남기 위한 경쟁주의를 더욱강화하며 많은 폐해와 문제점을 드러냈다.[13] 또한 우리 교육 현실에서 학부모와 시민은 다분히 이중적일 수밖에 없다. 혁신교육은 이상이고 실제 교육은 현실이기 때문에 자기 자녀는 경쟁교육에서 살아남기를 바라며 자기 자녀에게 유리한 교육을 요구한다.

이처럼 교육에 대한 이중적 요구가 지배하는 사회에서 교육시민사회운동의 책임과 역할이 매우 중요하다. 시민사회와 지역사회에 풀뿌리 민주주의를 정착시켜 시민의 왜곡된 교육적 요구를 바로잡아야 한다. 개별화된 시민은 왜곡된 욕망과 소비 욕구에서 벗어날 수 없고, 자본주의시장경쟁 구조에 포섭될 수밖에 없다. 따라서 지역사회에서 지역교육공동체운동을 통해 개별화된 개인을 공동체사회로 합류시켜야 한다. 지금까지 지역 교육 현안에 대한 대응과 투쟁 중심의 활동에서 지역사회 속

---

13. 인천광역시가 2010년 시장 선거에서 공약 사업으로 추진했던 10개 명품 고등학교를 선정하여 10억 원을 지원하며 입시경쟁교육을 조장한 것이 전형적인 예다. 2017년 서울 강서구에서 아파트 가격 하락을 이유로 특수학교 설립 반대 운동이 일었던 예도 있다.

으로 들어가 그들과 함께 혁신교육과 지역사회의 교육 대안을 만들고, 교육문화를 바꾸는 교육문화운동으로 전환해야 한다. 반대투쟁과 요구 투쟁 중심에서 벗어나 지역사회 거버넌스를 만들어 지역사회 교육과 학교를 바꾸는 대안적 교육운동으로 접근하는 교육시민사회 운동으로 거듭나야 한다.

3.
교육혁신의 방향과 담론

1) 학교교육 정상화와 학교체제 개편

학교교육 정상화는 어디서부터 어떻게?

학교교육 정상화와 학교체제 개편은 종합적이고 총체적으로 접근해야 근본적인 혁신이 가능하다. 교육문제는 여러 부분이 밀접하게 연계되어 서로 영향을 주고받기도 하고, 인과관계, 주종관계, 대립관계, 모순관계 등으로 연결된 유기체이기 때문이다. 어느 한 부분을 심도 있게 논의하고 공론화 과정을 통해 해결해도 학교교육이 정상화되지 못한 채 다른 부분에서 문제가 발생하게 된다. 실효 있는 성과를 가져오기 힘들거나 오히려 다른 부분에 심대한 문제가 발생하여 정책이 실패하거나 성과를 내지 못하는 사례가 많다.

김상곤 교육부장관 취임 후 학교개혁에 대한 종합적인 혁신안이 제시되지 못하고 부분적인 대학입시제도 개선안이 나왔다. 섣불리 접근했다가 여론이 비등하자 1년 유예했다가 다시 들고 나왔지만 역시 여론에 맡기는 식으로 해결하고 있다. 수능 중심이냐 내신 중심이냐, 절대평가냐 상대평가냐 하는 논란에 휩싸이고 말았다. 결국 무책임하다는 비판을 받으며 국가교육회의 공론화위원회로 넘겨 논의를 진행하고 있다.

원자력발전소 건설 공사 중단이냐 강행이냐로 여론이 비등하자 문재인 정부가 공약했던 원전 폐지와 중단 정책은 딜레마에 빠졌고, 이를 공론화위원회에 넘기고 정부는 책임을 전가하는 정책을 폈다. 원자력발전은 가시적인 효과가 보이고 국민은 수혜자이기 때문에 어떻게 결정되어도 직접적인 피해는 보지 않으므로 교육문제와는 차원이 다른 경제성 문제이다. 하지만 대학입시는 국민 모두가 수혜자가 아니라 당사자 문제다. 따라서 자기에게 유리한지 불리한지에 따라 입시를 보는 관점이 상충될 수밖에 없는 문제이기 때문에, 공론화에 맡기는 것은 근본적인 해결보다는 사회적 조정 과정을 거쳐 적당히 무마하려는 것이 아닐까 우려스럽다. 자칫하면 학교교육을 정상화하는 혁신안이 아니라 학교교육을 더 혼란에 빠뜨리는 개악안이 될 수도 있다. 이번 입시개편안은 5·31교육체제를 유지하느냐 새로운 교육혁신이냐의 갈림길에서 논란이 된 것이다.

교육부는 1년 전에 유예할 때 2015년 교육과정, 고교학점제, 입시제도 등을 고려한 종합적인 교육체제와 학교교육 정상화 방안을 함께 마련하는 작업을 해야 했다. 교육과정, 고교학점제, 교수학습 방법 등 학교교육체제 전반과 입시제도는 연동되어 있으므로 분리해서 방안을 찾을 수 없다. 지난 25년 동안 우리 교육현장에서 구체적으로 아주 치밀하게 제도화되어 뿌리내린 5·31교육체제가 제도 몇 개 손댄다고 개선되리라고 기대해서는 안 된다. 근본적인 수술이 필요한데도 통증을 완화시키는 임시방편의 처방으로는 병이 고쳐지기는커녕 더 악화가 될 수밖에 없는 것이 우리 교육 현실임을 직시해야 한다.

학교체제 개편안은 빅데이터 마련부터

학교교육 정상화와 학교체제 개편안은 각계각층의 대표와 전문가들이 모여 현재 한국 교육의 현실을 진단하는 구체적인 자료를 수집하고 분석·종합해서 빅데이터를 마련해야 한다. 그것을 기초로 개편안을 만들고 현장에서 실천적인 검증 과정을 거쳐 최종적인 안을 만들어, 국민을 설득하고 의견을 반영하여 혁신안을 완성해야 한다. 시간이 걸리더라도 이 과정을 충실히 진행하지 않으면 개선하지 않는 것보다 나쁜 결과를 가져올 수 있다.

교육 현실을 개선하기 위해서는 무엇보다 우리 교육 현실에 대한 정확한 진단이 중요하다. IBM이 만든 닥터 왓슨은 환자의 암과 질병의 진단, 유전 정보 분석, 임상시험을 도와주는 등의 형태로 활용되고 있고, 암 진단의 경우 인공지능이 이미지 분석 기술을 활용해 병리학자의 역할을 하는 디지털 병리학 기술로 발전하고 있어 암 조직 검사를 하기도 한다. 닥터 왓슨은 빅데이터로 의학 정보를 학습하여 암 진단의 정확성을 높였다. 실제로 전문의들과 대장암 98%, 직장암 96%, 자궁경부암 100% 등의 높은 일치를 보였다.[14] 이처럼 인공지능 시대는 빅데이터가 매우 유용하게 되었다. 교육계도 빅데이터를 만들어 활용해야 한다.

---

14. 출처: http://skccblog.tistory.com/2868 [SK(주) C&C 블로그]

교육학적 분석과 학교체제 개편안 마련 절차

정확한 진단이 이루어지면 교육학적 원인을 찾아야 한다. 원인을 알아야 처방(대책)이 가능하기 때문이다. 원인 규명과 대책을 세우는 것은 문제해결의 가장 중요한 열쇠다. 그런데 이것이 쉽지 않다. 왜 그럴까? 사람마다 교육을 보는 관점(철학)이 다르고 이해관계가 다르기 때문이다. 이 차이를 해결하는 방안이 교육학[15]이다. 정책 수립에 참여하는 전문가, 교육계 종사자, 학생, 학부모, 시민은 교육학적 안목이 있어야 한다. 정책을 다루는 프로젝트에 참여한 사람이 교육학적 안목이 없으면 자기 이해관계와 집단의 대표성에 얽매여 교육을 볼 수밖에 없다. 교육은 경제와 다르기 때문에 집단을 대표하여 집단의 이해관계를 대표하는 단계에 머무르는 수준이어서는 안 된다. 모든 아이를 위한 교육적 안목이 없는 학부모가 학교 운영에 참여하면 내 아이만을 위해 노력할 것이다.

학교교육 정상화와 학교체제 혁신 프로젝트를 마련하는 경로와 방법은 다음과 같은 점을 유의하여 추진해야 한다.

첫째, 프로젝트 시안을 만드는 추진단을 구성할 때부터 절차적 정당성과 적합성을 인정받아야 한다. 학교교육 정상화와 학교체제 개편안을 어떠한 내용으로 만드는가도 중요하지만, 만드는 과정에 어떤 전문가 그룹이 참여하느냐, 집단의 대표성 있는 전문가가 균형 있게 참여하느냐 등 구성 과정의 절차적 정당성과 적합성이 무엇보다 중요하다. 구성 단

---

15. 여기서 말하는 교육학은 개별 학문으로서의 교육학을 뛰어넘는 것으로, 교육을 정확하게 볼 수 있는 종합적이고 총체적인 안목과 가치체계를 의미한다.

계에서부터 신뢰를 주지 못하면 아무리 좋은 혁신안도 신뢰받지 못하고, 실현은 난관에 부딪히게 된다.

둘째, 프로젝트에 참여하는 사람들은 깊이 있는 교육학 논의를 통하여 교육학적 안목을 공유해야 한다.

셋째, 단기간에 급조하려 하지 말고 충분한 시간을 두고 마련해야 한다. 좋은 혁신안을 만들기 위해서는 충분한 자료 수집과 실태조사 등 빅데이터를 만들어 분석해야 원인과 실태 진단이 가능하기 때문이다.

넷째, 프로젝트에 반드시 현장 전문가 그룹을 참여시켜야 하고, 프로젝트를 수행하는 동안 현장에서 검증을 거쳐야 한다. 현장의 구체적인 실천활동 속에서 다듬어지고 검증 과정을 통해 만들어진 실행안이 현장에 뿌리내릴 수 있다.

다섯째, 프로젝트 실행안은 과도기적인 안과 중장기적으로 실행할 안으로 나누어 단계적으로 접근해야 한다. 정책 취지를 살리며 목표를 달성하는 것은 전체 교육체제와 맞물려 있는 문제이므로 교육체제 전반이 재구조화되어야 한다. 그러나 전체 교육체제의 변화는 단기적으로 완성되지 않기 때문에 정책 취지를 살리고 목표를 이루려면 전체 교육체제와 연계하여 단계적으로 접근해야 한다.

대학입시제 개편의 절차적 혼란

이번 대학입시제도 개편 논란은 결정적인 문제점을 안고 출발했기 때문에 성공적인 개편이 되기 어려울 수밖에 없다.

우선 추진 방법과 개혁안을 만드는 과정이 절차적으로 문제가 많았다. 위에서 제기한 교육개혁 프로젝트를 마련하는 경로와 방법을 전혀 지키지 못하고 입시제도를 공론화위원회에 넘겨 국민들에게 떠맡기는 식으로 추진하고 있다.

더욱 문제가 되는 것은, 입시제도의 내용과 관련된 혁신 방향 및 학교교육 정상화 방안에 대한 담론이 실종된 채 교육학적 안목이 결여된 논의였다. 공정성과 변별력의 관점에서 학생생활기록부(내신성적) 중심이냐 수능성적 중심이냐 하는 논쟁에 매몰된 것이다. 2015 교육과정에 반영된 미래 핵심역량과 같은 교육과정 목표를 어떻게 평가할 것인가의 담론은 사라지고 없다. 2015 교육과정 목표와는 무관하게 진행되고 있다. 또한 고교학점제와 학교교육 정상화 방안을 우선하거나 동시에 공론화하고, 그에 대한 혁신안을 만들고, 그다음에 평가와 선발 방안이 병행되어야 하는데, 입시제도 자체에 대한 논쟁에 매몰되었기 때문에 결과적으로 기존 체제에서 벗어나지 못하는 결과를 낳을 가능성이 크다.

학교교육 정상화와 학교체제 개편안은, 더디 가더라도 성공적으로 추진하기 위해 국가교육기구와 시민사회가 지혜를 모아 추진해야 할 것이다. 문재인 정부의 입시제도 개편 같은 우를 반복하지 말고 미래교육 담론과 학교현장에서 실천활동을 통해 뿌리내리고 있는 혁신교육을 기반으로 해야 성공적인 개혁이 가능할 것이다.

2) 학습복지와 교육 양극화 해소

심화되는 교육 양극화

우리의 교육문제 가운데 난제 중의 하나는 교육 양극화다. 교육 불평등은 사회 불평등으로부터 오기 때문에 사회 불평등에서 파생된 교육 불평등은 교육 내적으로만 해결하기가 매우 어렵다. 우리 사회의 양극화는 갈수록 심화되고 있다. 부모의 사회·경제적 지위에 따른 교육 불평등 현상도 같은 양상이다. 교육이 경쟁교육 중심의 입시교육에 치중하면 할수록 양극화는 더욱 심해질 수밖에 없다.

최근 우리 사회에서는 부모의 재산과 소득에 따라 '금수저'와 '흙수저' 등 수저 색깔로 계급을 나누어 사회 불평등과 교육 불평등 문제를 비유하고 있으며, 능력과 노력보다는 부모의 사회·경제적 지위에 따라 개인의 사회·경제적 지위가 결정되는 불평등 지수가 계속 높아지고 있다. 이러한 사회의 양극화 현상이 특히 교육비 투자 격차에서도 심화되는 현상을 보이고 있어, 서울의 경우 강남과 강북의 교육 격차가 점점 더 심해지고 있다. 교육에서 사회 통합의 사회적 기능은 약화되고 계급의 재생산 기능이 강화되고 있다.[16]

사회적 불평등 문제가 해결되지 않고 교육 불평등 문제를 해결하기는 매우 어렵지만, 그렇다고 손 놓고 있을 수는 없다. 교육정책가와 연구자, 실천활동가 등이 지혜를 모아 단기적·중장기적 대책을 설계하고 실천적

---

16. 김정원(2017), 「이제 '계층 사다리로서의 교육' 프레임을 폐기할 때가 되었다」, 『교육비평』 40호.

검증을 거쳐 방안을 모색해야 한다. 포기할 수 없는 이유는, 교육의 중요한 기능인 사회 통합 기능을 포기하고서는 기존 5·31교육체제 같은 프레임을 극복할 방안이 없기 때문이다.

교육복지 시대로 진입: 교육복지투자우선지역 사업과 무상급식

학교교육에 교육복지가 본격적으로 들어오게 된 것은 2003년 노무현 정부 때 시범 사업으로 시작한 교육복지투자우선지역 사업이다.[17] 교육복지투자우선지역 사업의 취지는 사회 불평등(소득분배구조 악화와 취약 계층 확대)으로 인한 교육 기회의 불평등 문제(지역별, 학교별 계층 분화 및 교육적 성취에 대한 계층의 영향력 증가)를 개선하는 것으로, 취약계층의 교육적 성장을 지원할 수 있는 선택적 복지 정책으로 추진되기 시작하였다.

초기에는 지역과 학교의 교육·문화·복지 환경과 서비스의 질을 획기적으로 개선하기 위해 해당 지역에서 학교를 중심으로 지역사회 교육공동체를 구축하여 지역 내 아동·청소년에게 교육·문화·복지가 연계된 통합적 서비스를 제공하는 것을 기본 전략으로 하였다. 빈곤 아동·청소년에게 교육·문화·복지가 연계된 통합적 서비스를 제공한다는 점에서 경제적 지원이나 보조를 위주로 하는 종래의 교육복지 정책보다 진일보한 정책이라고 볼 수 있다. 이 사업에서는 복합적인 문제를 안고 있는 빈곤 아동·청소년에게 통합적 서비스를 제공하기 위해 지역사회 내의 학

---

17. 교육복지투자우선지역 사업은 교육에서 학습 소외자를 위한 학습복지 개념에서 출발한 사업이다.

교와 다양한 교육·문화·복지 관련 기관 및 단체들이 연계·협력하는 네트워크를 구축해가고 있다.[18]

교육복지가 사회적 의제로 된 것은 무상급식이다. 2009년 경기교육감 재선거에서 당선된 김상곤 교육감의 핵심 공약이 '혁신학교와 무상급식'이었다. 그 후 2010년 교육감 선거에서 당선된 6개 지역 진보 교육감이 무상급식을 실시하며 학교에서 '무상급식'이 일반화되기 시작했다. 무상급식 문제는 '보편적 복지[19]와 선택적 복지[20]' 논란의 중심 쟁점으로 떠올랐다.[21]

보편적 복지 사업으로 경기도교육청이 2014년 유·초·중학교에 전면 무상급식을 실시하였다. 그 후 초등학교 학습준비물 지원 사업, 기초생활수급자·사회적 배려대상자에 대한 체험학습비 지원 사업, 맞벌이 가

18. 이해영(2008), 「교육복지투자우선지역 사업의 의의와 과제」, 『교육개발』 통권 155호, 한국교육개발원.
19. '보편적 복지'는 모든 학생을 복지 대상으로 확장하는 보편주의를 채택한다. 복지 수혜 범위도 취학 전 및 초·중·고 교육까지로 확장하고, 접근 방식 또한 서비스 지원에 한정하지 않으며, 정책 및 제도 중심적 접근법을 채택한다는 점에서 전향적이다. 실제로 '보편적 교육복지' 담론을 촉발시킨 계기는 경기도교육청이 2014년 실시한 유·초·중학교 전면 무상급식 실시다(이수광, 2014).
20. '선택적 복지'는 교육에서 가장 소외 받는 취약 계층을 선택하여 집중적으로 복지 예산을 지원하는 정책이다. 취약 지역의 취약 계층 아동에 대한 국가적 개입 정책으로 추진되었던 '교육복지투자우선지역' 사업이 대표적인 예다. 이 외에도 저소득자녀 지원 사업, 학업중단학생 지원 사업, 특수교육 지원 사업 및 연중 돌봄학교 운영 사업 등도 이에 해당한다. 문제는 이러한 선택적 복지가 복지 대상을 교육 취약 계층으로 한정하는 선별주의 원리에 의한다는 점, 접근 방식 또한 서비스나 교육비 보조 등의 미시적 접근이었다는 점이다(이수광, 2014).
21. 곽노현 서울시교육감의 무상급식 공약을 이행하기 위해 서울특별시의회가 무상급식 정책을 조례로 만들자 이에 반대하는 서울시민 81만(유효 51만)의 청구와 서울특별시장 오세훈의 주민투표 발의로 주민투표가 실시되었다. 투표율 25.7%를 기록하여 1안과 2안 모두 부결 처리되었다. 그에 따라 무상급식 투표율이 개표선에 미달할 경우 사퇴하겠다는 입장을 밝힌 오세훈 시장이 사퇴하고 재선거에서 박원순 시장이 당선되어 무상급식을 전면 실시하게 되었다.

정·저소득층 및 한부모 가정 자녀 돌봄사업 등이 추진되고 있다. 정도의 차이는 있지만, 다른 시·도 교육청에서도 '학습 여건의 질'을 확보하기 위한 보편적 교육복지 사업을 추진하고 있다.

현재 보편화되고 있는 보편적 복지 사업은 무상급식, 무상교복, 체험학습비 지급, 초등 돌봄교실 등과 같은 사업들이다. 이번 6·13 교육감 선거에서 쟁점화된 것은 고등학교 무상교육이었다. 이처럼 보편적 복지는 모든 학생에게 보편적으로 동등하게 학습에 필요한 '학습 여건'을 국가가 책임지고 보장하는 것이다. 교육받는 여건, 학습 여건이 개인과 부모의 능력에 따라 결정되는 것이 아니라 국가의 의무 이행 차원에서 책임 주체가 되어야 한다는 것이다.

일반복지에서 학습복지로

'보편적 교육복지'는 모든 학생이 교육 목적에 맞게 학습할 수 있는 학습 여건(환경)을 갖게 해주는 것이다. 교육의 출발과 과정에서 계급, 지역, 성, 인종의 차이와 같이 본인의 능력과 상관없는 여건에 의해 차별받지 않고 균등한 교육 기회를 가질 수 있도록 학습 여건을 만들어주는 정책이다. 이런 점에서 보편적 교육복지 정책은 매우 중요한 정책이다. 하지만 보편적 교육복지만으로는 '수준 높은 학습 결과'를 성취하기 어렵다. 교육활동에 참여하는 모든 학생이 높은 배움의 수준에 이르기 위해서는 보편적 복지 정책에 더해 '학습복지'가 필요하다.

학습복지는 '모든 학생이 학습(배움)의 전 영역에서 자신의 잠재력을 극대화할 수 있는 다차원의 맞춤형 돌봄 체제'라 할 수 있다. 즉 학생 개개인의 학업성취 수준과 선호하는 학습 양식에 맞는 학습 기회를 보장하여 잠재능력을 계발하고, 균형 잡힌 인격적 성숙이 가능하도록 학습 전 영역에서 촘촘한 돌봄 체제를 갖추려는 것이다. 이러한 접근 과정에서 학생들의 학습권이 최적으로 보장되고, 학습의 질도 담보되리라 기대하는 것이다.[22]

'학습복지'가 왜 중요한지 이수광(2014)은 구체적으로 제시한다.

첫째, 학교교육 정상화 차원에서 '학습복지'가 매우 중요하다. 학교를 입시교육기관으로 규정하고, 학교교육을 경제적 풍요를 위한 수단으로 보는 잘못된 인식을 바로잡고 학교교육을 정상화해야 한다. 지적 훈련을 위한 활동보다는 입시용 지식 학습에 골몰하여 '학습 소외' 학생들이 발생하고, 이들 '지적 무기력성'에 대한 관심이 필요하기 때문이다.

둘째, 학습자 개인별 특성과 필요에 맞추어 학습할 수 있는 '개인 맞춤형 수업'에 대한 마인드를 제고할 수 있다는 점에서 중요하다. 뒤처지는 학습자가 나오지 않게 하려면 실제 수업 상황의 입체적인 지원이 필요하다. '보편적 학습 설계universal design for learning'는 문화나 언어의 차이, 학생들의 배경지식과 개별적 능력의 차이까지 아우를 수 있는 누구나 보편적으로 학습에 참여할 수 있도록 교육과정을 설계하는 것을 말한다. 교육과정 운영에서 학생들의 다양한 능력과 학습 방식, 배경지식과 학습 준비도 같은 것들이 배제된 채 평균 기준의 욕구만이 충족되도록 보편적 학습이 설계되어야 한다는 것이다.

---

22. 이수광(2014), 「행복교육을 위한 공교육의 새로운 프레임-학습복지에 관한 사고 실험」, 2014 교육정책네트워크 행복교육 현장토론회, 경기도교육청/교육정책네트워크.

셋째, 학습복지 관점은 학교민주주의 실현과 관련하여 상상력을 확장시킨다. 학교는 학생들의 삶의 공간이다. 학생들은 구성원과의 관계를 통해 행위규범, 관행, 가치관, 의식과 태도 등을 익히고, 자신의 인간적 내공을 형성하게 된다. 따라서 민주주의 원리와 가치가 존중되는 학교문화가 중요하고, 학생들의 변화는 개인적이기보다는 사회적이기 때문에 학생 개개인을 배려하는 학습복지는 학교문화를 민주적인 문화로 만들어갈 수 있다.

혁신교육에서 학교현장에 뿌리내린 '돌봄'은 학습복지의 확장으로 매우 의미 있는 교육활동의 일부이다. 돌봄 문제가 교사와 학부모, 교육당국 사이에 논란이 되고 있는데, 시급히 해결책을 찾아야 할 과제이다.

'돌봄'과 '방과후교육'의 교육적 해결은?

지난 1월 저출산고령사회위원회가 저출산 대책으로 초등학교 1~4학년 '돌봄 절벽'을 해소하기 위해 연평균 8,000억 원을 투입해 초등학교 방과후학교를 의무화하는 등의 저출산 대책을 내놓았다. 초등학교 1~4학년 어린이들이 일찍 귀가하지 않게 오후 3시까지 돌봄과 방과후수업을 의무적으로 추진한다는 것이다. 이에 교원단체와 일부 학부모단체, 시민단체가 반발하고 있다. 교원 업무가 늘고, 방과후활동을 전면적으로 하면 학생의 선택권 등 문제가 많다는 것이다. 돌봄과 방과후활동의 주체 문제, 교원의 업무 증가, 교육의 질과 다양성 문제에 대한 교육 관련 단체의 이해와 요구가 상충되어 나타나는 문제를 잘 조정하지 못하고 졸속으로 발표한 대책이지만 무조건 반대할 문제가 아니다. 단순히 저출산 대책으로 만들어진 문제점은 인정하더라도 '돌봄'과 '학습복지' 문제는 대책을 만들어야 할 우리 교육의 중요한 현안이기 때문이다. 관계 당사자들이 교육학적 안목을 가지고 충분한 논의와 협의를 통해 해결하지 않는 가운데, 교육 불평등 문제를 국가가 적극적으로 책임지지 못하고 개인에게 떠넘길 수는 없기 때문이다. 위원회는 확정된 안이 아니라며 주춤거리고 있지만, 이제라도 기초 논의부터 다시 시작해서 대책을 세워야 한다.

문재인 정부의 '국가가 책임지는 교육과 보육'이라는 국정과제를 풀어가기 위해 책임 주체를 서로 떠넘기지 말아야 한다. 돌봄과 방과후교육은 학습복지를 구현하는 정책으로, 근본적인 대안은 중장기적으로 중앙정부와 지방자치단체가 담당 주체가 되더라도 과도기적으로 교육청과 학교가 지자체와 함께 대책을 마련하여 사회·경제적 배경에 따른 학습 소외를 최소화해야 한다.

학습 이전에 치유가 필요한 아이들

우리 교육현장에는 학습이 불가능한 학생들이 넘쳐나고 있으며, 그 원인과 유형은 매우 다양하다. 이런 학생들은 학교에서 상담이나 프로그램으로 치유가 불가능한 경우가 대부분이다. 교육부의 '초중고생 정서·행동 전수조사' 결과 6명 중 1명이 '관심군'이고, 자살 고위험군도 10만 명에 달하는 것으로 나타나 충격을 주고 있다. 교육부가 초중고생 648만 2,474명을 대상으로 조사한 '2012년 학생 정서·행동 특성 검사' 결과 우울증 징후나 폭력 성향을 보여 지속적인 상담과 관리가 필요한

'관심군' 학생이 16.3%인 105만 4,447명으로 집계됐다. 이들 중 2차 검사에서 불안, 우울, ADHD(주의력결핍과잉행동장애) 등 심층 상담 같은 집중관리가 필요한 것으로 드러난 '주의군' 학생은 4.5%인 22만 3,989명이고, 1.5%인 9만 7,000여 명은 자살까지 생각해본 '고위험군'으로 분류됐다. 이 검사 결과에 따르면 초등학생들조차도 '관심군'이 46만 6,560명(16.6%), '주의군'이 5만 898명(2.4%)이나 되었다.[23]

대안학교 형태로 소위 부적응아들을 교육하는 경기대명고등학교, 태봉고등학교, 전북동화중학교, 한울고등학교, 강진청람중학교 등이 설립되어, 치유 프로그램을 도입하고 시범적인 운영을 하여 성과를 내고 있다. 그러나 현행 교육법령과 제도 아래 대안학교에서 학습이 주가 되고 교사에 의존할 수밖에 없는 치유 프로그램 운영으로는 근본적인 대책을 마련할 수 없다. 실험적으로 운영되는 소수의 학교에서 극히 적은 아이들이 치유와 학습을 받고 있으며, 대다수 학생은 학습과 치유에서 방치되고 있다.

제도권 학교가 아닌 지자체와 보건센터가 실험적으로 운영하고 있는 치유센터는 2016년에 시작한 고양시아동청소년정신건강복지센터에서 운영하는 '경기고양위더스학교'가 있다. 경기도교육청이 '2018년 대안교육 위탁기관 치유학교'로 지정하였다. '경기고양위더스학교'는 학업 중단 위기에 처해 있거나 치유가 필요한 학생들이 학업을 지속하게 지원함으로써 학교로 복귀할 수 있도록 돕고자 마련된 치유형 대안학교다. 정서 및

---

23. 출처: http://chamstory.tistory.com/1238 [김용택의 참교육 이야기]

행동 문제와 정신과적인 어려움에 초점을 맞춰 집중적인 심리 지원을 통해 안전한 환경에서 필요한 교육을 받을 수 있도록 지원한다.

이 학교의 교육과정은 정규 교과로 국어, 영어, 수학, 사회, 과학 수업을 각 2시간 이상 편성한다. 대안 교과로는 ▲게슈탈트 기반 알아차림 훈련, ▲스트레스 감소 훈련, ▲표현예술치료, ▲인지치료, ▲원예치료, ▲신체 기반 안정화기법, ▲독서치료 등이 운영된다. 위탁 절차는 ▲입학 신청서 및 지원서 제출, ▲서류 심사, ▲입학 가능 여부 확인, ▲행정 절차, ▲입학 동의서 작성, ▲적응 기간, ▲심의, ▲학교 등록, ▲수료로 이뤄진다. 2016년 6월 개교 이후 지난해까지 17명의 중·고등학생이 수업에 참여하여, 진급 또는 졸업과정을 마쳤다.[24]

학습보다 치유가 필요한 학생들을 위한 근본적인 대책은 국가 차원에서 신체 장애아를 위한 특수교육기관처럼 치유센터를 만들어야 한다. 치유센터는 교원만이 아니라 의료 전문가, 상담 전문가, 사회복지 전문가 등이 함께 치유하는 의료적 교육기관이어야 한다.

3) 교육의 지방분권화와 풀뿌리 민주주의

지방교육자치와 진보 교육감 시대

본격적인 지방교육자치 시대는 교육감 주민직선제가 도입된 2006년

---

24. 출처: http://www.sudokwon.com/read.php3?aid=1529825250373327011 『수도권일보』(2018년 6월 24일) 허윤 기자.

12월 20일 제정·공포된 법률 개정에서 시작되었다. 2010년 지방자치 선거부터 시작하여 교육감 주민직선제는 1기와 2기를 마치고 2018년 7월 1일부터 3기를 맞이하고 있다.

2010~2018년 직선제 교육감 1~2기는 이명박·박근혜 정부와의 대립으로 2017년 5월 문재인 정부가 탄생하기까지는 진보 교육감의 정책을 전면화하는 데 한계가 있었다. 또한 5·31교육체제의 교육정책과 대립하고 중앙정부와 교육부의 시행령에 의한 통치로 진정한 의미의 교육자치는 실현되기 어려운 시기였다. 자율형사립고의 일반고 전환, 누리과정 예산 확보, 전교조 법외노조 철회, 역사 교과서 국정화 등에서 교육부와 대립하면서 진보 교육감은 견제의 대상이었고, 지방교육자치는 이름뿐이었으며, 교육감이 할 수 있는 것이 별로 없었다.

문재인 정부의 '국가가 책임지는 교육과 보육'이라는 교육정책의 국정과제에 맞추어 교육감과 교육부는 대립적 관계로부터 협력적 관계로 위상을 재정립하면서 교육자치와 교육의 지방분권화 문제를 풀어가야 한다.

교육자치의 완성 1: 교육의 지방분권화

교육자치와 지방분권화는 5·31교육체제를 극복하고 새로운 교육체제를 수립하는 데 핵심적 과제이다. 주민직선제 교육감 시대의 1, 2기 8년 동안 교육자치와 지방분권화에 관해 많은 과제들이 제기되었다. 그동안 교육자치는 형식적인 수준에 그쳤으며, 제대로 된 교육자치가 되기 위해서는 아직도 많은 과제가 남아 있다. 교육행정과 정치에 관한 대부분의 권한은 중앙정부가 가지고 있다.

문재인 정부 인수위원회 역할을 한 국정기획자문위원회 김진표 위원장은 "교육부는 각 시·도 교육감에게 권한을 가능한 한 많이 이양해야 한다"라고 밝혔다. 국가교육위원회가 만들어지면 교육부의 유·초·중등교육 기능은 대부분 시·도 교육청으로 이양한다고 했다. 대신 교육부는 교육청 지원을 위한 행정 업무와 대학 기능, 평생교육, 직업교육 부문만 맡게 될 것이다. 헌법적 독립기구인 국가교육위원회를 만드는 것은 개헌이 필요하기 때문에 우선 그전에 시행령을 개정해 국가교육회의를 만들고, 이를 통해 교육부의 유·초·중등교육 규제 권한을 교육청에 이양할 것이라고 했다.[25]

교육의 본질적인 문제와 내용적인 측면인 교육체제, 학교체제, 교육과정과 교과서 정책 등과 교육행정 업무 대부분 권한이 중앙정부와 대통령, 교육부장관에게 집중되어 있으며, 교육감에게 위임된 권한의 대부분은 교육행정의 절차적 업무와 위임사항을 집행하는 수준이었다.[26] 그결과 진보 교육감 8년은 이명박·박근혜 정권과의 충돌과 대립 속에서 지나갔다.

진보 교육감의 핵심 정책인 혁신학교와 혁신교육마저도 교육감의 권한이 없어 '자율학교' 법령을 근거로 틈새를 활용할 수밖에 없었으며, 중앙정부와 교육부의 견제와 통제를 받아 전면화에 어려움을 겪었다. 여당이 다수인 시·도의회에서 혁신학교와 혁신교육의 '혁신'만 들어가

---

25. 2017년 6월 9일. 문재인 정부 인수위원회 역할을 하는 국정기획자문위원회 김진표 위원장과 6개 시·도 교육감 간담회, 국정기획자문위원회 사무실.

면 예산을 전액 삭감당하기도 했다.[27]

지방교육자치와 교육의 지방분권화를 위해 중앙정부에 집중된 권한을 시·도 교육청과 학교로 서둘러 분배해야 한다. 교육행정의 권한은 헌법적 사항과 법령에 규정하고 있다. 헌법과 법령을 손질해야 한다. 지방교육자치와 지방분권화를 헌법에 명시적으로 규정하지 않으면 정권의 성향과 의지에 따라 부침이 예상되기 때문에 개헌 과정에 반드시 지방교육자치를 명시적으로 반영해야 한다. 87년 정치체제에서 새로운 시대적 변화에 부응한 정치체제로의 개헌이 필요하듯이 5·31교육체제를 대체하는 새로운 교육체제에 맞게 개헌이 되어야 한다.

---

26. 지방교육자치에 관한 법률 제20조(관장사무) 교육감은 교육, 학예에 관한 다음 각 호의 사항에 관한 사무를 관장한다.
   1. 조례안 작성 및 제출에 관한 사항
   2. 예산안 편성 및 제출에 관한 사항
   3. 결산서 작성 및 제출에 관한 사항
   4. 교육규칙 제정에 관한 사항
   5. 학교, 그 밖의 교육기관의 설치, 이전, 폐지에 관한 사항
   6. 교육과정 운영에 관한 사항
   7. 과학기술교육 진흥에 관한 사항
   8. 평생교육, 그 밖의 교육, 학예 진흥에 관한 사항
   9. 학교체육, 보건 및 학교환경 정화에 관한 사항
   10. 학생통학구역에 관한 사항
   11. 교육, 학예의 시설, 설비 및 교구에 관한 사항
   12. 재산 취득, 처분에 관한 사항
   13. 특별부과금, 사용료, 수수료, 분담금 및 가입금에 관한 사항
   14. 기채, 차입금 또는 예산 외의 외무부담에 관한 사항
   15. 기금 설치, 운용에 관한 사항
   16. 소속 국가공무원 및 지방공무원의 인사관리에 관한 사항
   17. 그 밖에 당해 시·도의 교육, 학예에 관한 사항과 위임된 사항
27. 충북과 충남도의회는 혁신학교 예산을 전액 삭감하였다.

교육자치의 완성 2: 시도교육감협의회

교육자치와 풀뿌리 민주주의 활성화를 위해 지방교육자치에서 교육 관련 관계자들의 실질적인 참여와 협력 시스템을 강화함으로써 주민자치와 주민에 의한 통제가 이루어질 수 있는 기반도 마련해야 한다.

교육자치와 풀뿌리 민주주의 활성화를 위해 시도교육감협의회의 역할과 기능이 무엇보다도 중요하게 되었다. 시도교육감협의회가 법정기구로 인정된 것을 계기로 시·도 간 협력과 협의 기능을 활성화하여 지방교육자치를 강화해야 한다. 경쟁과 협력하는 사례와 모델을 지속적으로 발굴하고 일반화하는 작업을 추진할 필요가 있다.

지방교육행정기관은 오랫동안 중앙 의존적인 행정에 익숙해져 있기 때문에 독자적인 정책 및 기획 역량이 부족하다. 교육정책 기획 역량을 강화하고 거버넌스 체제의 도입과 더불어 지방 차원의 교육정책을 입안, 집행, 평가 및 환류하는 노력을 기울여야 한다. 정책연구 전담 기관도 보강하고 전문교육연구기관과의 실질적인 협력도 강화해야 한다.

지역 교육지원청을 학교지원센터로

지역 교육지원청의 역할과 기능 재편도 필요하다. 명칭만이 아닌 실질적인 단위학교 지원 체제로 개편하여 학교 단위 책임경영을 종합 지원하는 기관으로 장학 기능과 컨설팅 및 연수 지원의 강화, 종합 민원 해결 및 순회 지원 기능 등 실질적 지원 중심의 학교지원센터로 개편해야 한다.

지방교육자치에서 또 하나의 중요한 과제는 교육재정의 분배 방식을 전면적으로 개편하는 것이다. 재정자립도와 여건 등을 감안한 재정 배분 방식의 개선과 지방교육재정 교부금 제도를 시급히 개선해야 한다.[28]

교육자치의 완성 3: 학교자치와 학교자율화

교육자치와 풀뿌리 민주주의의 궁극적인 목적은 학교자치와 학교자율화로 귀결되어야 한다. 지방분권화와 교육자치의 핵심은 학교자치이며 학교현장의 풀뿌리 민주주의가 살아나야 교육자치가 완성된다고 할 수 있다. 학교자치 활성화와 학교자율화를 위해 교육에 관한 권한이 중앙정부에서 교육청으로, 교육청의 권한이 학교로 분배되어야 한다. 중앙정부의 독점적 교육행정 권한을 교육청과 학교로 분배하면 교육감과 학교장의 독점적 권한만 강화되어 학교자치와 학교자율화는 오히려 역행하는 것이 아닌가 하는 우려가 있다.

이러한 우려는 교육감과 학교장의 개인적 권한으로 사고하는 경향에서 비롯된다. 하지만 교육기관의 책임자로서 교육감과 학교장은 개인이 아니고 기관이기 때문에 이는 기관의 민주적인 운영이 문제인 것이다. 교육청과 학교의 풀뿌리 민주주의를 기반으로 한 거버넌스를 통해 해결해야 할 과제이다. 따라서 중앙정부는 미래 사회를 대비한 국가교육체제의 근간을 마련하는 데 집중하여 국가교육의 핵심적인 교육체제를 수립하고, 국가교육과정과 학교체제 등에 대한 가이드라인을 제시해야 한다. 또 유·초·중등 교육행정에 관한 대부분의 권한은 교육청과 학교에

---

28. 우승구(2008), 「시·도 교육청의 교육자치 성공을 위한 제언」, 『교육개발』 통권165호 (2008년 가을호), 한국교육개발원.

이양해야 시대적 요구와 현장의 요구에 신속하게 대응하여 교육현장과 밀착된 교육자치가 가능할 것이다.

학교자치의 활성화를 위한 대책은 단위학교 학교자율화 확대와 단위학교 책임경영제 강화, 학교장의 리더십과 역량 강화, 교장 임용제도 개선과 공모제 정착, 학교운영위원회의 역할과 기능 강화, 학부모의 실질적 학교 참여 방안 마련 등 학교자치와 관련된 제도와 환경을 정비해야 한다. 지역사회와 학교에 학부모와 시민이 참여하는 지역교육공동체를 위해 학부모지원센터 운영과 학부모 교육 강화 방안도 적극적으로 모색해야 한다.

4) 교육 생태계 변화

교육 생태계의 원리를 찾아라

'교육 생태계'는 생태주의 이론에 근거하여 교육을 생태학적 관점에서 바라보는 원리이다. 환경 생태계가 유기적으로 연결된 유기체로서 지속가능한 환경 생태계가 유지되는 원리를 교육에 도입한 것이다. 교육도 환경 생태계처럼 교육을 둘러싼 주변 환경과 여건이 그물망을 형성하여 살아 움직이는 유기체와 같이 서로 연결되어 있다는 것이다. 따라서 교육 생태계가 서로 연결되어 지속가능한 교육이 되어야 한다는 개념에서 출발한 새로운 교육체제론이라고 할 수 있다.

교육 생태계 원리는 현대교육의 근간을 이루는 근대교육체제와 탈근대교육체제를 해체하고, 새로운 교육체제와 교육 패러다임의 전환을 요구하는 담론체계에서 비롯된 개념이다. 근대교육과 탈근대교육론은 근대사회의 시대적 요구를 반영하며 변화와 흐름을 담아내는 데 중요한 역할과 기능을 했다. 4차 산업혁명 시대로 대변되는 미래 사회는 예측 불가능한 불확실성이 지배하는 시대로, 미래 사회를 위한 교육을 새롭게 구축하지 않으면 안 된다. 불확실한 사회에 대한 불안감은 미래교육에 대한 불안감으로 다가오고, 미래교육에 대한 불확실성은 지속가능한 교육 생태계를 조성하여 극복해야 한다는 위기의식이 반영된 것이라고 할 수 있다.

환경 생태계는 부분적으로 파괴되거나 훼손되어도 자정 능력과 복원 능력이 작동하여 새로운 생태계를 조성하여 평형을 유지하며, 지속가능한 생태계가 유지되는 작동 원리가 있다. 마찬가지로 교육 생태계에도 교육 환경과 여건이 어느 정도 훼손되더라도 자정 능력과 복원 능력을 갖춘 지속가능한 작동 원리가 교육에 내재되어 있다면 그 원리와 체제를 찾아내야 하고, 그러한 작동 원리가 없다면 새롭게 교육 생태계를 생성하고 구축해야 한다.

우리 교육에서 교육 생태계는 아직 생소한 개념이다. 우선은 교육 생태계에 대한 기본적인 개념 정립이 필요하다. 지속가능한 교육 생태계의 작동 원리가 있는가? 어디에서 그 원리를 찾아야 하는가? 교육혁신에 성공한 나라의 교육 생태계는 어떤 원리가 작동하고 있는가?

교육 생태계를 지속가능한 교육체제로 만들기 위해 지역교육공동체의 변화, 중앙정부와 교육자치의 관계, 지방자치와 교육자치의 관계, 교육과

시민사회, 학교와 지역사회의 관계 등 교육을 둘러싼 사회적 관계망과 환경 및 여건을 면밀히 분석하고 작동 원리를 찾아야 한다.

미래 사회의 지속가능한 교육 생태계는?

지속가능한 교육 생태계를 위해서는 발상의 전환과 미래교육에 대한 상상력이 필요하다. 이혁규 교수는 한국의 교육 생태계를 우리 교육의 이념과 철학, 교실 수업과 공교육, 교원과 교원양성기관, 교육운동과 교원단체의 관계성에서 분석했으며,[29] 현재 교육체제를 지속가능한 교육체제로 유지·발전시키는 관점에서 접근했다. 이처럼 교육 생태계를 유지·발전시키려는 관점은 불확실한 미래 사회에서도 지속가능할지 누구도 확언할 수 없을 정도로 교육 생태계는 변화하고 있다. 오늘 학생의 삶의 형태가 내일 똑같이 반복되지 않는 양상은 도처에서 나타나고 있고, 학교의 역할도 매우 빠른 속도로 변화할 가능성이 있다.

우리가 알고 있는 고정적인 관념의 학교 울타리 안과 밖의 경계, 제도교육과 제도교육 밖이나 대안교육의 경계, 학교교육과 사회교육 또는 평생교육의 경계, 청소년교육과 성인교육의 경계, 일반교육과 특수교육의 경계 등 현 교육체제의 틀에서 교육의 고정관념을 깨고 태어나서 죽을 때까지—복지 정책의 테제인 '요람에서 무덤까지'와 같은 새로운 관점에서 새롭게 교육체제를 재구축해야 할지도 모른다. 이 모든 경계가 분리된 것이 아니고 유기적으로 연결된 삶이 미래 사회의 모습일 수도 있다

---

29. 이혁규(2015), 『한국의 교육 생태계』, 교육공동체벗.

고 보아야 한다. 4차 산업혁명 시대는 이전의 산업사회에서 노동력 생산이 목적인 교육의 시대가 아니기 때문이다. 노동력은 로봇이나 자동화된 기계가 대신하고 인간은 어느 시대에서도 경험하지 못한 새로운 형태의 삶을 살아가야 할 미래 사회가 예측 불가능하게 도래하고 있기 때문이다.

부록: OECD의 미래교육 프로젝트

교육과 기술의 미래교육 2030[*]

The future of education and skills Education 2030

* OECD The future of education and skills Education 2030은 이임구(인천 국제고), 이준범(서울월천초)이 구글 번역을 정리한 것을 토대로 용어를 수정·보완하였다.

머리말

　세계화와 기술 발전이 급속도로 진행되면서 인류는 이제까지 겪지 못한 새로운 사회, 경제, 환경적 도전에 직면해 있다. 동시에 인류가 발전할 수 있는 새로운 기회도 엄청나게 창출되고 있다. 미래는 불확실하고 예측할 수 없지만 다가올 것이고, 그래서 준비해야 한다. 2018년에 교육을 받기 시작한 어린이는 2030년에 청년이 될 것이다. 학교는 이 어린이들에게 예측되지도 않는 문제의 해결을 돕기 위해 아직 생기지 않은 직업과 아직 발명되지 않은 기술을 준비시킬 수 있다. 기회를 포착하고 해결 방법을 찾는 것이 모두의 공동 책임이 될 것이다.

　이런 불확실성을 극복할 수 있으려면 학생들은 호기심, 상상력, 회복 탄력성, 자기 조절력 등을 갖추어야 한다. 타인의 생각, 전망, 가치를 존중하고 감사할 줄 알아야 한다. 실패와 거부에 대처하면서 역경을 헤쳐 갈 수 있어야 한다. 좋은 직업과 고소득을 넘어서는 것에서 동기가 부여되고, 친구, 가족, 공동체와 지구의 행복well-being을 돌볼 수 있어야 한다.

　학습자들은 교육을 통해 자신의 삶을 형성하고 타인의 삶에 기여하기 위해 필요한 힘agency, 목적의식, 역량을 기를 수 있다. 경제협력개발기구OECD는 이것을 위한 최선의 방법을 찾을 수 있도록 The Future of Education and Skills 2030 프로젝트를 시작했다. 프로젝트의 목적은 다음 두 포괄적 질문에 대한 답을 각 나라가 찾게 돕는 것이다.

- 학생들이 그들의 세상을 만들고 번성시키려면 어떤(what) 지식, 기술, 태도·가치가 필요한가?
- 교육 시스템이 이런 지식, 기술, 태도·가치 개발을 효과적으로 하려면 어떻게(how) 해야 하나?

이 문서는 질문에 대한 첫 번째 연구 결과이다. 전 세계의 관계자가 참여하여 초안을 검토, 평가, 검증하였다. 이들은 연구 결과가 세계적 연관성을 확보하고, 폭넓게 정책화할 수 있다고 평가하였다. 연구는 2018년 말까지 완성될 것이다. 2019년에는 교육, 평가, 수업 시스템 설계로 한 단계 더 나아갈 것이다.

이 연구에 터하여 정책 입안자, 학계 전문가, 학교 네트워크, 교사, 교육 지도자, 학생, 사회의 관계자들은 아이디어를 서로 나누고, 입증되고 효과 높은 실천 방안을 비교하고, 첨단 연구 분야를 찾고, 새로운 학습 생태계 구축을 시도할 수 있을 것이다.

Andreas Schleicher

Director for Education and Skills OECD

OECD Learning Framework 2030

OECD Learning Framework 2030은 미래교육 시스템에 대한 비전과 원칙을 마련하기 위한 것이다. 여기서는 미래교육에 대한 처방이 아닌 방향을 제시한다. Learning Framework는 정부 대표, 선각자 등의 공동체 파트너, 전문가, 학교 네트워크, 학교 지도자, 교사, 학생, 청년 그룹, 대학, 지역 기구와 사회적 협력 그룹 등이 참여하여 OECD Education 2030을 위해 창안되었다. 이 일은 현재 진행형이며, 모든 사람을 위한 준비된 미래교육을 개발하고자 하는 사람은 누구나 참여할 수 있다.

Education 2030: 비전의 공유

우리는 모든 학습자가 전인적 인격체로 발전하고, 자신의 가능성을 실현하고 개인, 공동체, 지구의 행복에 기여할 수 있는 공동의 미래를 만드는 것에 도움을 주고자 한다.

2018년에 정규학교에 입학하는 아동은 자원은 무한하며 계속 확보

될 것이라는 생각을 버릴 필요가 있다. 그들은 공동의 번영, 지속가능성과 행복well-being을 가치 있게 여겨야 한다. 그들은 책임감 있고, 유능하며, 분리보다는 협력을 하고, 단기적 성과보다는 지속가능성을 중시해야 한다.

세계가 점점 더 불규칙하고, 불확실하고, 복잡하고 모호해지면서 교육은 사람들이 마주한 도전을 포용하는지 혹은 도전에 굴복하는지에 따라 차이가 발생할 수 있다. 과학 지식이 폭발적으로 증가하고 복잡한 사회 문제가 증가되는 이 시대에 교육과정은 급격하게in a radical way 변해야 한다.

급변하는 세계에 대비한 새로운 해법solution이 필요

사회가 급격하게 근본적으로 변하고 있다.

첫 번째 도전은 환경이다.
- 기후변화와 자원 고갈에 긴급하게 대응하고 적응해야 한다.

두 번째 도전은 경제다.
- 과학기술이 삶을 풍요롭게 할 수 있는 기회와 해법을 제공하지만 모든 영역에 파괴적 변화의 파장을 야기하기도 한다. 바이오기술, 인공지능 등 전례 없는 과학기술의 혁신으로 인류의 정체

성에 대한 근본적인 의문이 제기되고 있다. 모든 사람의 삶이 향상되는 새로운 경제적·사회적·제도적 모형이 필요한 시대다.

- 지방, 국가, 지역 수준의 재정적 상호 의존성이 세계적인 가치 사슬과 공유 경제를 야기했을 뿐만 아니라 불확실성이 확산되고, 경제적 위험과 위기에 노출되었다. 데이터가 거대 규모로 생성, 사용, 공유되고 확장, 성장, 효율성 증대를 약속하게 된 반면 사이버 보안과 개인정보 보호라는 새로운 문제가 나타났다.

세 번째 도전은 사회다.

- 세계 인구 증가가 지속되면서 이민, 도시화, 사회적·문화적 다양성의 증가가 국가와 지역공동체를 변화시키고 있다.
- 세계 곳곳에서 생활수준과 삶의 기회가 불평등해지고 있으며, 포퓰리즘 정치와 엮여 있는 갈등, 불안정, 타성이 정부에 대한 신뢰와 신임을 갉아먹고 있다. 동시에 전쟁과 테러의 위협이 점점 커지고 있다.

이런 세계적인 동향은 이미 개인의 삶에 영향을 미치고 있고, 향후에도 그러할 것이다. 모든 국가에서 이와 관련된 세계적인 토론이 시작되었고, 지역적인 동시에 세계적인 해결책이 필요한 상황이다. OECD Education 2030은 협력을 통해 인류, 이익, 지구, 평화의 보장을 목표로 하는, 지속가능한 발전SDGs을 위한 UN 2030 Global Goals에 기여한다.

포괄적인 교육 목표 필요: 개인과 집단의 행복

목적에 의해 안내되지 않으면 과학과 기술의 급격한 발전은 불평등 확산, 사회적 분열의 심화, 자원 고갈의 가속화를 부추기게 된다.

21세기는 행복well-being이 삶의 목적으로서 점점 중요해지고 있다. 행복은 수입, 부, 직업, 소득, 주택 등 물질적 자원 이상의 것이다. 행복은 삶의 질, 건강, 시민 참여, 사회적 연계, 교육, 안전, 삶의 만족과 환경 등과 관련이 있다. 이 모든 것에 공평하게 접근할 수 있어야 포괄적 성장이 가능하다.

교육은 사람들이 포괄적이고 지속가능한 미래를 만들고 혜택을 누릴 수 있도록 지식, 기술, 태도, 가치를 개발하는 중요한 역할을 한다. 미래에는 분명하고 목적이 있는 목표를 수립하고, 서로 전망이 다른 사람들이 협력하고, 새로운 기회를 찾고, 큰 문제big problem의 다양한 해결책 찾기를 배우는 것이 필수가 될 것이다. 교육은 젊은이들이 일의 세계를 준비하는 것 이상을 목표로 해야 한다. 교육은 학생들이 적극적이고, 책임감 있고, 참여하는 시민이 되기 위해 필요한 기술을 갖추도록 도와야 한다.

학습자 역량Agency: 복잡하고 불확실한 세계의 탐색

미래를 준비하는 학생들은 자신의 교육과 삶을 통해 주체적 역량

agency을 갖추어야 한다. 주체적 역량은 세상에 참여하여 더 나아질 수 있게 사람, 사건, 환경에 영향을 주는 책임감을 의미한다. 주체적 역량은 지침이 되는 목적을 수립하는 능력, 목표를 달성하기 위한 행동을 구별하는 능력이 필요하다.

주체적 역량을 기르는 것을 도우려면 교육자는 학습자의 개성을 인식할 뿐만 아니라 학습에 영향을 끼치는 교사, 동료, 가족과 지역사회 등의 폭넓은 관계를 알아야 한다. 학습 프레임워크를 뒷받침하는 개념은 "co -agency"이다. 이것은 학습자를 그들의 목표로 나아갈 수 있게 도와주고, 상호작용하고 상호 지원하는 관계다. 이런 맥락에서 학생뿐만 아니라 교사, 학교 관리자, 부모, 지역사회 모두가 학습자로 고려되어야 한다.

학습자가 agency가 가능하려면 필요한 두 요소가 있다.

첫째는 학생들이 열정을 키울 수 있도록 지원하고 동기를 부여하며, 서로 다른 학습 경험과 기회를 연결하고, 다른 사람과 함께 자신의 학습 프로젝트와 과정을 설계할 수 있는 개별화된 학습 환경이다.

둘째는 문해력과 수리력의 견고한 기초를 다지는 것이다. 디지털 전환과 빅데이터가 출현한 오늘날 디지털 문해력과 데이터 문해력은 신체적 건강과 정신적 행복만큼 중요해지고 있다.

OECD Education 2030 관계자는 청년들이 그들의 삶과 세상을 어떻게 탐색하는지를 보여주는 "Learning Framework 2030"을 공동 개발하였다.

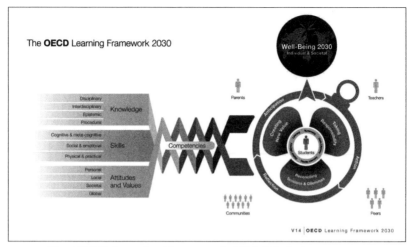

The OECD Learning Framework 2030: Work-in-progress

지식, 기술, 태도·가치가 작동하는 세트가 필요함

미래를 가장 잘 준비한 학생들은 변화의 주체change agents들이다. 이
들은 자신을 둘러싼 환경에 긍정적 영향을 줄 수 있고, 미래에 영향을
주고, 타인의 의도, 행동, 감정을 이해하고, 하는 일의 장·단기 결과를
예측할 수 있다.

역량 개념은 지식과 기술을 습득하는 것 이상을 의미한다. 역량은 복
잡한 요구에 직면하여 지식, 기술, 태도·가치를 발휘하는 것이다. 미래
를 준비하는 학생은 폭넓고도 전문적인 지식을 갖추어야 한다. 학문 지
식Disciplinary Knowledge은 교과의 경계를 넘나들면서 간학문적 지식
Interdisciplinary Knowledge, 즉 "점을 연결하는" 사고능력을 갖추어 새로

운 지식을 개발하는 능력의 기본 재료로서 계속 중요할 것이다. 수학자, 역사학자, 과학자들의 사유 방법을 아는 것과 같은 교과에 대한 지식, 즉 인식론적 지식Epistemic Knowledge은 학생들이 교과 지식을 확장할 수 있도록 중요하게 다뤄질 것이다. 절차적 지식Procedural Knowledge은 일이 이루어지거나 만들어지는 방법, 즉 목표에 도달하기 위한 일련의 순서나 행동 순서를 이해하며 습득된다. 영역이 한정되는 것도 있고, 영역을 넘나드는 것도 있다. 절차적 지식은 디자인 사고Design Thinking, 시스템 사고Systems Thinking를 통해 실제적인 문제를 해결할 때 개발된다.

학생들은 미지의 변화하는 환경에서 지식을 활용해야 한다. 이렇게 되려면 인지 및 메타인지 기술(Cognitive and meta-cognitive Skills, 비판적 사고, 창의적 사고, 학습하는 방법의 학습, 자기주도성 등), 사회적 정서적 기술(Social and emotional Skills, 공감, 자기 효능감, 협업 등), 실용적 신체적 기술(Practical and physical skills, 새로운 정보통신기기 사용 기술) 등 광범위하고 다양한 기술Skills이 필요하다.

이런 광범위한 지식과 기술은 태도·가치(Attitudes and Values, 동기, 신뢰, 다양성에 대한 존중, 덕 등)로 조절된다. 가치와 태도는 개인적, 지역적, 사회적, 세계적 수준에서 관찰될 수 있다. 인간의 삶은 서로 다른 문화적 시각과 성격 특성에 기인한 가치와 태도의 다양성으로 풍부해진다. 일부 가치(삶과 인간의 존엄성에 대한 존중, 환경에 대한 존중, 둘 다에 대한 존중 등)는 양보할 수 없을 수도 있다.

사회를 변화시키고 미래를 만드는 역량

학생들이 모든 차원의 삶에서 적극적으로 행동하려면 시간(과거, 현재, 미래), 사회 공간(가족, 공동체, 종교, 민족, 세계), 디지털 공간 등의 다양한 맥락에서 불확실성을 헤쳐나가야 한다. 또한 자연계의 취약성, 복잡성과 가치를 인식해야 한다.

OECD Education 2030 프로젝트는 역량을 정의하고 선정한 DeSeCo 프로젝트에서 진행한 OECD 핵심역량을 기반으로 하여 청년들이 혁신적이고 책임감 있고 각성에 필요한, 세 가지 범주의 "변혁적 역량"을 제시하였다.

- 새로운 가치 창출하기
- 긴장과 딜레마 조절(대처)하기
- 책임감 갖기

새로운 가치 창출하기

더 강력하고 포괄적이고 지속가능한 개발을 위해서는 새로운 성장 동력이 절실하게 필요하다. 혁신은 저렴한 비용으로 경제적·사회적·문화적 딜레마에 대한 솔루션을 찾을 수 있다. 혁신적인 경제는 더욱 생산적이고, 탄력적이고, 적응성이 크고, 질 높은 생활수준을 가능하게 한다. 2030을 준비하려면 사람들은 창의적으로 생각하고, 새로운 제품과 서비스, 새로운 직업, 새로운 과정과 방법, 새로운 사고방식과 생활방식, 새로운 기업, 새로운 영역, 새로운 사업 모형, 새로운 사회 모형을 개발할 수 있어야 한다. 홀로 생각하고 일하는 것에서 혁신이 솟아나지 않는다. 새로운 지식을 창출하기 위해 기존 지식을 다른 사람과 나누고 협력하면서 혁신이 시작되는 경우가 증가한다. 역량을 뒷받침하는 구성 요소는 적응력, 창의성, 호기심, 개방성이다.

긴장과 딜레마에 대처하기

불공정한 오늘날의 세계는 지역적 관점 때로는 세계적 관점에서 다양한 시각과 이해관계를 조절해야 하므로 청년들은 공정성과 자유, 자율성과 공동체성, 혁신과 지속성, 효과성과 민주적 절차 등의 긴장, 딜레마, 이율배반을 능숙하게 다루어야 한다. 하나의 선택 혹은 단일 해법으로 갈등하는 요구들 사이에서 균형을 유지하는 사례는 매우 드물다. 개인들은 섣부른 결론을 피하고 상호 연결성을 인식하는, 보다 통합된 방법으로 사고해야 한다. 상호 의존하고 갈등하는 세상에서는 다른 사람의 요구와 욕구를 이해하는 능력을 발전시킬 때에만 자신, 가족, 공동체의 행복을 성공적으로 지킬 수 있다.

미래를 대비하려면 사람들은 모순되고 상반된 생각, 논리, 입장 간의 상호 연관성과 관련성을 장·단기적 관점에서 고려하는, 보다 통합된 방식으로 생각하고 행동하는 법을 배워야 한다. 달리 말해서 시스템적 사고systems thinkers를 배워야 한다.

책임감 갖기

세 번째 변혁적 역량은 다른 두 역량의 전제조건이다. 참신함, 변화, 다양성과 애매성을 다루려면 각 개인은 스스로 생각하고 다른 사람과 함께 일할 수 있는 능력이 전제된다. 마찬가지로 창의성과 문제해결력은 행동에 대한 미래의 결과를 고려하고, 위험과 보상을 평가하고, 일한 결과에 대한 책임을 수용할 수 있는 능력을 전제한다. 이는 자신의 경험과 개인적·사회적 목표, 무엇이 옳고 그른지 가르치고 말했던 것 등에 비추어 행위를 반성하고 평가하는 책임감, 도덕적·지적 성숙을 의미한다.

윤리적으로 행동한다는 것은 규범, 가치, 의미와 한계와 관련된 다음과 같은 의문을 갖는 것이다. 어떻게 해야 할까? 그렇게 할 권리가 있었나? 한계는 어디인가? 했던 일의 결과를 알게 된다면 그렇게 했어야 하나? 이 역량의 핵심은 자기 통제, 자기 효능감, 책임감, 문제해결 및 적응력을 포함하는 자기 조절력이다. 발달 신경과학이 발전하여 청소년기는 자기 조절력의 발전과 관련된 뇌 영역이 특별히 변하는, 두 번째 뇌가소성의 폭발이 일어나는 시기라는 것이 알려졌다. 청소년기는 취약한 시기가 아니라 책임감을 기를 기회로 받아들여져야 한다.

변화를 지향하는 교육 생태계의 설계 원리

이러한 변혁적 역량은 복잡하다. 각 역량은 다른 역량과 밀접하게 연관되어 있다. 역량들은 사실상 발달적이며, 학습이 가능하다.

역량을 개발하는 능력은 성찰reflection, 기대anticipation, 실행action의 순차적 프로세스를 활용하여 익힐 수 있다. 성찰적 실천Reflective practice 은 결정하고 선택하고 행동할 때 알려지고 추측된 것에서 한 걸음 물러나 또 다른, 독특한 관점에서 상황을 보면서 입장을 정리하는 능력이다. 기대anticipation는 분석적·비판적 사고 등의 인지 기술로 미래에 필요한 것과 오늘날의 행동이 미래에 어떤 결과를 초래하는지 예견하는 것이다. 성찰과 기대는 책임 있는 실행action의 전제이다.

OECD Learning Framework 2030은 세계의 변화에 필요한 상호 연관된 역량을 개발하기 위해 성찰, 기대, 실행 과정에서 지식, 기술, 태도와 가치가 사용된다는 복합적 개념을 만들어냈다.

Learning Framework가 실행력을 가질 수 있게 하려고 OECD Education 2030 관계자는 변혁적 역량과 여타 핵심 개념을 일련의 특별한 개념들(예를 들어 창의성, 비판적 사고, 책임감, 회복탄력성, 협업)로 변환하기 위해 공동 작업을 하였다. 그래서 교사와 학교 지도자들은 Learning Framework를 교육과정 안으로 더 잘 통합할 수 있게 하려고 한다. 이 개념들은 현재 검토 중이다.

또한 교육과정을 재설계하기 위한 지식 베이스를 구축했다. 교육과정 변화를 위해 교육은 많은 이해 관계자가 있는 생태계라고 가정한다. 학생, 교사, 학교 지도자, 학부모, 국가와 지방 정부의 정책 입안자, 학계 전문가, 노동조합, 사회와 사업 파트너가 이 프로젝트를 개발하기 위해 협력했다. OECD Education 2030에서는 여러 나라에서 공통된 다음 다섯 가지 과제를 발굴하였다.

1. 학교는 학부모, 대학, 고용주의 요구와 요청에 따른 교육과정 과부하 문제를 처리하고 있다. 그 결과 학생들이 교과 핵심 개념을 익히거나, 우정을 키우고, 잠자고 운동하는 등의 균형 잡힌 삶을 살기 어려운, 시간 부족에 처한다. 학생들의 관심사를 "학습 시간 증가(학습의 양)"에서 "양질의 학습 시간(학습의 질)"으로 전환할 때가 되었다.
2. 인식, 의사결정, 실행과 영향 사이에 시간 지연 현상이 있어서 교육과정 개혁이 어렵다.
3. 학생들이 학습에 참여하여 깊이 이해하려면 교육의 질이 높아야 한다.
4. 혁신 과정에서 교육과정은 공평성을 실현할 수 있어야 한다. 선택된 소수가 아니라 모든 학생이 사회적·경제적·기술적 변화의 혜택을 누려야 한다.
5. 개혁을 효과적으로 추진하려면 신중하게 계획되고 배치되어야 한다.

이런 어려움에 대응하기 위해 OECD 실무 그룹과 협력진은 여러 나라에서 교육과정과 교육 시스템 혁신에 지속적으로 채택할 수 있는 "설계 원리"를 공동 개발하고 있다.

개념, 내용, 주제 설계

- **학생의 주체적 역량(Student Agency)** 교육과정은 학생들에게 동기를 부여하고, 그들이 가진 선행 지식, 기술, 태도·가치가 인지되도록 학생 중심으로 설계되어야 한다.
- **엄격성(Rigour)** 주제는 도전하게 하고, 깊이 있는 생각과 숙려를 가능하게 해야 한다.
- **초점(Focus)** 상대적으로 적은 수의 주제가 학년마다 제시되어 학습의 깊이와 질이 확보될 수 있어야 한다. 주제들은 핵심 개념을 강화하기 위해 중복될 수 있다.
- **일관성(Coherence)** 주제들은 학문 분야나 교과의 논리를 반영하여 위계화되어야 한다. 그래서 각 단계와 연령대를 거치면서 기본부터 심화된 개념까지 다룰 수 있어야 한다.
- **조정(Alignment)** 교육과정은 수업과 평가와 잘 조정되어야 한다. 다양한 산출물을 평가할 수 있는 기술은 아직 개발되지 않았다. 서로 다른 목적에 도달하기 위한 평가 방법이 필요하다. 늘 측정될 수는 없는 학생들의 산출물과 수행을 측정하는 평가 방법이 개발되어야 한다.
- **전이(Transferability)** 한 맥락에서 배웠을 때 다른 것으로 전이가 쉬운 지식, 기술, 태도·가치에 우선순위를 두어야 한다.
- **선택권(Choice)** 학생들에게는 다양한 차원의 주제 및 프로젝트 선택권이 보장되어야 한다. 또한 자신이 선택한 주제와 프로젝트

를 제안할 기회가 주어져야 한다. 선택을 위해서는 충분한 정보가 제공되어야 한다.

교육과정 설계

- **교사 주체성(Teacher Agency)**　교사들이 전문 지식과 기술을 활용할 수 있도록 권한이 위임empowered되어 교육과정을 효과적으로 운영할 수 있도록 전문성을 발휘해야 한다.
- **진정성(Authenticity)**　학습자는 학습 경험을 현실과 연결할 수 있어야 하며, 학습에 대한 목표의식을 가져야 한다. 이렇게 하려면 교과 지식 숙달과 함께 교과 간 학습과 협력 학습을 해야 한다.
- **상호 관계(Inter-relation)**　학습자에게는 교과 내와 교과 간, 그리고 학교 밖의 실제 생활에서 한 주제나 개념이 다른 주제나 개념과 어떻게 연결될 수 있는지를 발견할 기회가 주어져야 한다.
- **유연성(Flexibility)**　교육과정의 의미가 "사전에 정의되고 고정된" 것에서 "유연하고 역동적인" 것으로 바뀌어야 한다. 학교와 교사는 변화하는 사회의 요구와 개인의 학습 요구를 반영할 수 있도록 교육과정을 업데이트하고 조정할 수 있어야 한다.
- **참여(Engagement)**　교사, 학생 및 관련 이해 관계자는 교육과

정 설계에서 주인의식을 가질 수 있도록 교육과정 개발 초기부터 참여할 수 있어야 한다.

향후 계획

지금까지 교육 변화를 위한 세계적 차원의 노력을 요약하였다. 누구든 OECD Education 2030 프로젝트에 대한 자신의 비전과 아이디어를 말하고 지원할 수 있다.

프로젝트 팀에서는 Learning Framework를 실행할 수 있게 만들기 위해 아이디어, 사례를 모으고 있다. 다음과 같은 관계자들과 연계하고자 한다.

- Learning Framework와 관계된 정책과 커리큘럼 설계 경험을 공유하는 중앙 및 지방정부
- OECD Learning Framework를 사용하여 실행하고 경험했던 구체적인 사례를 공유하는 학생, 교사, 학교 지도자 및 학부모
- Learning Framework의 구조 위에서 증거 기반 정책과 실행의 연계가 강화될 수 있도록 지원하는 전문가와 연구자들
- 학생의 학습과 창조를 지원하는 적절한 학습 환경을 구성한 사례를 공유하기 위한 지역사회, 전문 단체, 산업계, 교사조직 대표, 사업가 등

• UN Sustainable Development Goal 4.7 및 그 외 계획을 지원하는 OECD Education 2030 논의에 기여할 수 있는 국제 사회 및 기구

원본 출처 http://www.oecd.org/education/2030/oecd-education-2030-position-paper.pdf

삶의 행복을 꿈꾸는 교육은 어디에서 오는가?

미래 100년을 향한 새로운 교육   혁신교육을 실천하는 교사들의 필독서

▶ 교육혁명을 앞당기는 배움책 이야기
혁신교육의 철학과 잉걸진 미래를 만나다!

한국교육연구네트워크 총서

01 핀란드 교육혁명
한국교육연구네트워크 엮음 | 320쪽 | 값 15,000원

02 일제고사를 넘어서
한국교육연구네트워크 엮음 | 284쪽 | 값 13,000원

03 새로운 사회를 여는 교육혁명
한국교육연구네트워크 엮음 | 380쪽 | 값 17,000원

04 교장제도 혁명
한국교육연구네트워크 엮음 | 268쪽 | 값 14,000원

05 새로운 사회를 여는 교육자치 혁명
한국교육연구네트워크 엮음 | 312쪽 | 값 15,000원

06 혁신학교에 대한 교육학적 성찰
한국교육연구네트워크 엮음 | 308쪽 | 값 15,000원

07 진보주의 교육의 세계적 동향
한국교육연구네트워크 엮음 | 324쪽 | 값 17,000원

08 더 나은 세상을 위한 학교혁명
한국교육연구네트워크 엮음 | 404쪽 | 값 21,000원

혁신학교
성열관·이순철 지음 | 224쪽 | 값 12,000원

행복한 혁신학교 만들기
초등교육과정연구모임 지음 | 264쪽 | 값 13,000원

서울형 혁신학교 이야기
이부영 지음 | 320쪽 | 값 15,000원

혁신교육, 철학을 만나다
브렌트 데이비스·데니스 수마라 지음
현인철·서용선 옮김 | 304쪽 | 값 15,000원

혁신교육 존 듀이에게 묻다
서용선 지음 | 292쪽 | 값 14,000원

다시 읽는 조선 교육사
이만규 지음 | 750쪽 | 값 33,000원

대한민국 교육혁명
교육혁명공동행동 연구위원회 지음 | 224쪽 | 값 12,000원

한국교육연구네트워크 번역 총서

01 프레이리와 교육
존 엘리아스 지음 | 한국교육연구네트워크 옮김
276쪽 | 값 14,000원

02 교육은 사회를 바꿀 수 있을까?
마이클 애플 지음 | 강희룡·김선우·박원순·이형빈 옮김
352쪽 | 값 16,000원

03 비판적 페다고지는
세상을 변화시킬 수 있는가?
Seewha Cho 지음 | 심성보·조시화 옮김 | 280쪽 | 값 14,000원

04 마이클 애플의 민주학교
마이클 애플·제임스 빈 엮음 | 강희룡 옮김 | 276쪽 | 값 14,000원

05 21세기 교육과 민주주의
넬 나딩스 지음 | 심성보 옮김 | 392쪽 | 값 18,000원

06 세계교육개혁:
민영화 우선인가 공적 투자 강화인가?
린다 달링-해먼드 외 지음 | 심성보 외 옮김 | 408쪽 | 값 21,000원

대한민국 교사, 어떻게 가르칠 것인가?
윤성관 지음 | 320쪽 | 값 15,000원

아이들을 어떻게 가르칠 것인가
사토 마나부 지음 | 박찬영 옮김 | 232쪽 | 값 13,000원

아이들의 배움은 어떻게 깊어지는가
이시이 준지 지음 | 방지현·이창희 옮김 | 200쪽 | 값 11,000원

모두를 위한 국제이해교육
한국국제이해교육학회 지음 | 364쪽 | 값 16,000원

경쟁을 넘어 발달 교육으로
현광일 지음 | 288쪽 | 값 14,000원

독일 교육, 왜 강한가?
박성희 지음 | 324쪽 | 값 15,000원

핀란드 교육의 기적
한넬레 니에미 외 엮음 | 장수명 외 옮김 | 452쪽 | 값 23,000원

▶ 비고츠키 선집 시리즈
발달과 협력의 교육학 어떻게 읽을 것인가?

 생각과 말
레프 세묘노비치 비고츠키 지음
배희철·김용호·D. 켈로그 옮김 | 690쪽 | 값 33,000원

 성장과 분화
L.S. 비고츠키 지음 | 비고츠키 연구회 옮김
308쪽 | 값 15,000원

 도구와 기호
비고츠키·루리야 지음 | 비고츠키 연구회 옮김
336쪽 | 값 16,000원

 의식과 숙달
L.S 비고츠키 | 비고츠키 연구회 옮김
348쪽 | 값 17,000원

 어린이 자기행동숙달의 역사와 발달 I
L.S. 비고츠키 지음 | 비고츠키 연구회 옮김
564쪽 | 값 28,000원

 분열과 사랑
L.S. 비고츠키 지음 | 비고츠키연구회 옮김
260쪽 | 값 16,000

 어린이 자기행동숙달의 역사와 발달 II
L.S. 비고츠키 지음 | 비고츠키 연구회 옮김
552쪽 | 값 28,000원

 관계의 교육학, 비고츠키
진보교육연구소 비고츠키교육학실천연구모임 지음
300쪽 | 값 15,000원

 어린이의 상상과 창조
L.S. 비고츠키 지음 | 비고츠키 연구회 옮김
280쪽 | 값 15,000원

 비고츠키 생각과 말 쉽게 읽기
진보교육연구소 비고츠키교육학실천연구모임 지음
316쪽 | 값 15,000원

 연령과 위기
L.S. 비고츠키 지음 | 비고츠키 연구회 옮김
336쪽 | 값 17,000원

 비고츠키와 인지 발달의 비밀
A.R. 루리야 지음 | 배희철 옮김 | 280쪽 | 값 15,000원

 수업과 수업 사이
비고츠키 연구회 지음 | 196쪽 | 값 12,000원

 교사와 부모를 위한 비고츠키 교육학
카르포프 지음 | 실천교사번역팀 옮김 | 308쪽 | 값 15,000원

▶ 창의적인 협력수업을 지향하는 삶이 있는 국어 교실
우리말 글을 배우며 세상을 배운다

 중학교 국어 수업 어떻게 할 것인가?
김미경 지음 | 340쪽 | 값 15,000원

 이야기 꽃 1
박용성 엮어 지음 | 276쪽 | 값 9,800원

 토론의 숲에서 나를 만나다
명혜정 엮음 | 312쪽 | 값 15,000원

 이야기 꽃 2
박용성 엮어 지음 | 294쪽 | 값 13,000원

 토닥토닥 토론해요
명혜정·이명선·조선미 엮음 | 288쪽 | 값 15,000원

 인문학의 숲을 거니는 토론 수업
순천국어교사모임 엮음 | 308쪽 | 값 15,000원

 어린이와 시
오인태 지음 | 192쪽 | 값 12,000원

 수업, 슬로리딩과 함께
박경숙·강슬기·김정욱·장소현·강민정·전혜림·이혜민 지음
268쪽 | 값 15,000원

▶ 남북이 하나 되는 두물머리 평화교육
분단 극복을 위한 치열한 배움과 실천을 만나다

 10년 후 통일
정동영·지승호 지음 | 328쪽 | 값 15,000원

 선생님, 통일이 뭐예요?
정경호 지음 | 252쪽 | 값 13,000원

 분단시대의 통일교육
성래운 지음 | 428쪽 | 값 18,000원

 김창환 교수의 DMZ 지리 이야기
김창환 지음 | 264쪽 | 값 15,000원

▶ 4·16, 질문이 있는 교실 마주이야기

통합수업으로 혁신교육과정을 재구성하다!

 통하는 공부
김태호·김형우·이경석·심우근·허진만 지음
324쪽 | 값 15,000원

 내일 수업 어떻게 하지?
아이함께 지음 | 300쪽 | 값 15,000원
2015 세종도서 교양부문

 인간 회복의 교육
성래운 지음 | 260쪽 | 값 13,000원

 교과서 너머 교육과정 마주하기
이윤미 외 지음 | 368쪽 | 값 17,000원

 수업 고수들 수업·교육과정·평가를 말하다
박현숙 외 지음 | 368쪽 | 값 17,000원

 도덕 수업, 책으로 묻고 윤리로 답하다
울산도덕교사모임 지음 | 320쪽 | 값 15,000원

 체육 교사, 수업을 말하다
전용진 지음 | 304쪽 | 값 15,000원

 교실을 위한 프레이리
아이러 쇼어 엮음 | 사람대사람 옮김 | 412쪽 | 값 18,000원

 마을교육공동체란 무엇인가?
서용선 외 지음 | 360쪽 | 값 17,000원

 학교생활기록부를 디자인하라
박용성 지음 | 268쪽 | 값 14,000원

 교사, 학교를 바꾸다
정진화 지음 | 372쪽 | 값 17,000원

  함께 배움
학생 주도 배움 중심 수업 이렇게 한다
니시카와 준 지음 | 백경석 옮김 | 280쪽 | 값 15,000원

 공교육은 왜?
홍섭근 지음 | 352쪽 | 값 16,000원

 자기혁신과 공동의 성장을 위한
교사들의 필리버스터
윤양수·원종희·장군·조경삼 지음 | 280쪽 | 값 14,000원

 함께 배움 이렇게 시작한다
니시카와 준 지음 | 백경석 옮김 | 196쪽 | 값 12,000원

 함께 배움 교사의 말하기
니시카와 준 지음 | 백경석 옮김 | 188쪽 | 값 12,000원

 미래교육의 열쇠, 창의적 문화교육
심광현·노명우·강정석 지음 | 368쪽 | 값 16,000원

 주제통합수업, 아이들을 수업의 주인공으로!
이윤미 외 지음 | 392쪽 | 값 17,000원

 수업과 교육의 지평을 확장하는 수업 비평
윤양수 지음 | 316쪽 | 값 15,000원
2014 문화체육관광부 우수교양도서

 교사, 선생이 되다
김태은 외 지음 | 260쪽 | 값 13,000원

 교사의 전문성, 어떻게 만들어지나
국제교원노조연맹 보고서 | 김석규 옮김 392쪽 | 값 17,000원

 수업의 정치
윤양수·원종희·장군 지음 | 280쪽 | 값 14,000원

 학교협동조합,
현장체험학습과 마을교육공동체를 잇다
주수원 외 지음 | 296쪽 | 값 15,000원

 거꾸로교실,
잠자는 아이들을 깨우는 수업의 비밀
이민경 지음 | 280쪽 | 값 14,000원

 교사는 무엇으로 사는가
정은균 지음 | 292쪽 | 값 15,000원

 마음의 힘을 기르는 감성수업
조선미 외 지음 | 300쪽 | 값 15,000원

 작은 학교 아이들
지경준 엮음 | 376쪽 | 값 17,000원

 감성 지휘자, 우리 선생님
박종국 지음 | 308쪽 | 값 15,000원

 대한민국 입시혁명
참교육연구소 입시연구팀 지음 | 220쪽 | 값 12,000원

 교사를 세우는 교육과정
박승열 지음 | 312쪽 | 값 15,000원

 전국 17명 교육감들과 나눈
교육 대담
최창의 대담·기록 | 272쪽 | 값 15,000원

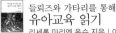 들뢰즈와 가타리를 통해
유아교육 읽기
리세롯 마리엣 올슨 지음 | 이연선 외 옮김 | 328쪽 | 값 17,000원

교육과정 통합, 어떻게 할 것인가?
성열관 외 지음 | 192쪽 | 값 13,000원

 학교 민주주의의 불한당들
정은균 지음 | 276쪽 | 값 14,000원

 동양사상에게 인공지능 시대를 묻다
홍승표 외 지음 | 260쪽 | 값 15,000원

 교육과정, 수업, 평가의 일체화
리사 카터 지음 | 박승열 외 옮김 | 196쪽 | 값 13,000원

 학교 혁신의 길, 아이들에게 묻다
남궁상운 외 지음 | 268쪽 | 값 15,000원

 학교를 개선하는 교장
지속가능한 학교 혁신을 위한 실천 전략
마이클 풀란 지음 | 서동연·정효준 옮김 | 216쪽 | 값 13,000원

 프레이리의 사상과 실천
사람대사람 지음 | 352쪽 | 값 18,000원

 공자던, 논어는 이것이다
유문상 지음 | 392쪽 | 값 18,000원

 혁신학교, 한국 교육의 미래를 열다
송순재 외 지음 | 608쪽 | 값 30,000원

 교사와 부모를 위한
발달교육이란 무엇인가?
현광일 지음 | 380쪽 | 값 18,000원

 페다고지를 위하여
프레네의 『페다고지 불변요소』 읽기
박찬영 지음 | 296쪽 | 값 15,000원

 교사, 이오덕에게 길을 묻다
이무완 지음 | 328쪽 | 값 15,000원

 노자와 탈현대 문명
홍승표 지음 | 284쪽 | 값 15,000원

 낙오자 없는 스웨덴 교육
레이프 스트란드베리 지음 | 변광수 옮김 | 208쪽 | 값 13,000원

 선생님, 민주시민교육이 뭐예요?
염경미 지음 | 244쪽 | 값 15,000원

 끝나지 않은 마지막 수업
장석웅 지음 | 328쪽 | 값 20,000원

 어쩌다 혁신학교
유우석 외 지음 | 380쪽 | 값 17,000원

 대구, 박정희 패러다임을 넘다
세대열 엮음 | 292쪽 | 값 20,000원

 미래, 교육을 묻다
정광필 지음 | 232쪽 | 값 15,000원

 경기꿈의학교
진흥섭 외 지음 | 360쪽 | 값 17,000원

 대학, 협동조합으로 교육하라
박주희 외 지음 | 252쪽 | 값 15,000원

 학교를 말한다
이성우 지음 | 292쪽 | 값 15,000원

 입시, 어떻게 바꿀 것인가?
노기원 지음 | 306쪽 | 값 15,000원

촛불시대, 혁신교육을 말하다
이용관 지음 | 240쪽 | 값 15,000원

▶ 교과서 밖에서 만나는 역사 교실
상식이 통하는 살아 있는 역사를 만나다

 전봉준과 동학농민혁명
조광환 지음 | 336쪽 | 값 15,000원

 교과서 밖에서 배우는 역사 공부
정은교 지음 | 292쪽 | 값 14,000원

 남도의 기억을 걷다
노성태 지음 | 344쪽 | 값 14,000원

 팔만대장경도 모르면 빨래판이다
전병철 지음 | 360쪽 | 값 16,000원

 응답하라 한국사 1·2
김은석 지음 | 356쪽·368쪽 | 각권 값 15,000원

 빨래판도 잘 보면 팔만대장경이다
전병철 지음 | 360쪽 | 값 16,000원

 즐거운 국사수업 32강
김남선 지음 | 280쪽 | 값 11,000원

 영화는 역사다
강성률 지음 | 288쪽 | 값 13,000원

즐거운 세계사 수업
김은석 지음 | 328쪽 | 값 13,000원

친일 영화의 해부학
강성률 지음 | 264쪽 | 값 15,000원

강화도의 기억을 걷다
최보길 지음 | 276쪽 | 값 14,000원

한국 고대사의 비밀
김은석 지음 | 304쪽 | 값 13,000원

광주의 기억을 걷다
노성태 지음 | 348쪽 | 값 15,000원

조선족 근현대 교육사
정미량 지음 | 320쪽 | 값 15,000원

선생님도 궁금해하는
한국사의 비밀 20가지
김은석 지음 | 312쪽 | 값 15,000원

다시 읽는 조선근대교육의 사상과 운동
윤건차 지음 | 이명실·심성보 옮김 | 516쪽 | 값 25,000원

걸림돌
키르스텐 세룹-빌펠트 지음 | 문봉애 옮김
248쪽 | 값 13,000원

음악과 함께 떠나는 세계의 혁명 이야기
조광환 지음 | 292쪽 | 값 15,000원

역사수업을 부탁해
열 사람의 한 걸음 지음 | 388쪽 | 값 18,000원

논쟁으로 보는 일본 근대교육의 역사
이명실 지음 | 324쪽 | 값 17,000원

진실과 거짓, 인물 한국사
하성환 지음 | 400쪽 | 값 18,000원

다시, 독립의 기억을 걷다
노성태 지음 | 320쪽 | 값 16,000원

▶ 더불어 사는 정의로운 세상을 여는 인문사회과학
사람의 존엄과 평등의 가치를 배운다

밥상혁명
강양구·강이현 지음 | 298쪽 | 값 13,800원

좌우지간 인권이다
안경환 지음 | 288쪽 | 값 13,000원

도덕 교과서 무엇이 문제인가?
김대용 지음 | 272쪽 | 값 14,000원

민주시민교육
심성보 지음 | 544쪽 | 값 25,000원

자율주의와 진보교육
조엘 스프링 지음 | 심성보 옮김 | 320쪽 | 값 15,000원

민주시민을 위한 도덕교육
심성보 지음 | 500쪽 | 값 25,000원
2015 세종도서 학술부문

민주화 이후의 공동체 교육
심성보 지음 | 392쪽 | 값 15,000원
2009 문화체육관광부 우수학술도서

교과서 밖에서 배우는 인문학 공부
정은교 지음 | 280쪽 | 값 13,000원

갈등을 넘어 협력 사회로
이창언·오수길·유문종·신윤관 지음 | 280쪽 | 값 15,000원

오래된 미래교육
정재걸 지음 | 392쪽 | 값 18,000원

동양사상과 마음교육
정재걸 외 지음 | 356쪽 | 값 16,000원
2015 세종도서 학술부문

대한민국 의료혁명
전국보건의료산업노동조합 엮음 | 548쪽 | 값 25,000원

교과서 밖에서 배우는 철학 공부
정은교 지음 | 280쪽 | 값 14,000원

교과서 밖에서 배우는 고전 공부
정은교 지음 | 288쪽 | 값 14,000원

교과서 밖에서 배우는 사회 공부
정은교 지음 | 304쪽 | 값 15,000원

전체 안의 전체 사고 속의 사고
김우창의 인문학을 읽다
현광일 지음 | 320쪽 | 값 15,000원

교과서 밖에서 배우는 윤리 공부
정은교 지음 | 292쪽 | 값 15,000원

카스트로, 종교를 말하다
피델 카스트로·프레이 베토 대담 | 조세종 옮김
420쪽 | 값 21,000원

한글 혁명
김슬옹 지음 | 388쪽 | 값 18,000원

▶ 평화샘 프로젝트 매뉴얼 시리즈
학교 폭력에 대한 근본적인 예방과 대책을 찾는다

학교 폭력 어떻게 만들어지는가
문재현 외 지음 | 300쪽 | 값 14,000원

아이들을 살리는 동네
문재현·신동명·김수동 지음 | 204쪽 | 값 10,000원

학교 폭력, 멈춰!
문재현 외 지음 | 348쪽 | 값 15,000원

평화! 행복한 학교의 시작
문재현 외 지음 | 252쪽 | 값 12,000원

왕따, 이렇게 해결할 수 있다
문재현 외 지음 | 236쪽 | 값 12,000원

마을에 배움의 길이 있다
문재현 지음 | 208쪽 | 값 10,000원

젊은 부모를 위한 백만 년의 육아 슬기
문재현 지음 | 248쪽 | 값 13,000원

별자리, 인류의 이야기 주머니
문재현·문한외 지음 | 444쪽 | 값 20,000원

우리는 마을에 산다
유양우·신동명·김수동·문재현 지음 | 312쪽 | 값 15,000원

▶ 살림터 참교육 문예 시리즈
영혼이 있는 삶을 가르치는 온 선생님을 만나다!

꽃보다 귀한 우리 아이는
조재도 지음 | 244쪽 | 값 12,000원

선생님이 먼저 때렸는데요
강병철 지음 | 248쪽 | 값 12,000원

성깔 있는 나무들
최은숙 지음 | 244쪽 | 값 12,000원

서울 여자, 시골 선생님 되다
조경선 지음 | 252쪽 | 값 12,000원

아이들에게 세상을 배웠네
명혜정 지음 | 240쪽 | 값 12,000원

행복한 창의 교육
최창의 지음 | 328쪽 | 값 15,000원

밥상에서 세상으로
김흥숙 지음 | 280쪽 | 값 13,000원

북유럽 교육 기행
정애경 외 14인 지음 | 288쪽 | 값 14,000원

우물쭈물하다 끝난 교사 이야기
유기창 지음 | 380쪽 | 값 17,000원

▶출간 예정

참된 삶과 교육에 관한
생각 줍기